La trilogía de la fe

3 libros llenos de fe en un volume.
Lo que la fe me ha enseñado, Inspiración para todos,
Las mejores citas sobre Dios

Lo Que La Fe Me ha enseñado

Mi interior espiritual del Profeta de la Vida

La raíz del conflicto político global
Hacia la Liberación Global
La virtud de ateos y no creyentes
Dios mío
Cumpliendo Tú Destino

Prefacio

Yo sólo soy una persona común que ha tenido el privilegio de tener una vida llena de milagros y revelaciones. Hay muchos momentos en los que yo no tenía nada, excepto la fe, pero la fe era todo lo que necesitaba para sostenerme. Mi fe y mi Dios me han enseñado muchas lecciones en la vida. Mi fe me enseñó a trabajar a favor de tener un mejor día en lugar de estar infantilmente molesto cuando no conseguía inmediatamente lo que quería. Mi fe me ha enseñado a perdonar porque el perdón me libera y puedo pasar a algo mejor. Mi fe me ha enseñado que toda vida es preciosa y así hay que respetar toda vida, incluso formas de vida que otros lo dan por un hecho.

Mi intención al escribir este libro es compartir algunas de las cosas que mi fe me ha enseñado y las ideas espirituales que he conseguido por causa de mi fe. Algunas de las ideas se presentan como lecciones de la vida que he vivido y ahora estoy compartiendo y otras las presento como una serie de preguntas que las yo llamo Conversaciones de ¿Qué si? Las ideas que hay en este volumen se construyen a partir de las lecciones de vida y han dado forma a mi visión del mundo, que es espiritual en sus fundamentos, pero toca temas globales y culturales. Sinceramente espero que usted encuentre algunas cosas de valor.

Lo que la fe significa para mí

Cada mañana cuando me despierto, es la fe que me da el poder para levantarme de la cama. Es la fe la que me impulsa a través del día. Es la fe la que me guía, para flotar y navegar alrededor de donde hay numerosos riesgos que están en mi camino, ya sean peligros de mi entorno o peligros de los matices destructivos de mi propia personalidad. Mi fe me muestra las posibilidades ilimitadas de cada día. Es la fe que me lleva de vuelta a casa al final de cada día. Es la fe la que me muestra lo que el Señor me quiere ensañar en ese día y la fe es la que me enseña las lecciones que me dan los puntos de vista que hacen mi creencia.

No puedo ni imaginar lo que el mundo es para una persona sin fe. Debe ser muy atemorizante el hecho de vivir en un mundo lleno de tanta crueldad, de destrucción, de muerte y no creo que haya un propósito, para todo. Debe ser difícil vivir en la monotonía de cada día como un zombi, un día que se mezcla con el siguiente sin que tengan diferencias distinguibles entre ellos. Es vivir una vida sin tener la esperanza de que algo mejor está por venir.

Por lo que es fe, es la excepción de una perspectiva de la vida vista a través de la creencia de que hay un propósito, hay esperanza, hay milagros, hay algo mejor que viene, hay un Dios amoroso. He sido testigo de tantos milagros en mi vida, que yo se que hay un Dios amoroso detrás de ellos. La existencia de Dios para mí es incuestionable e innegable. Si los científicos declararon que no hay prueba de que Dios existe me gustaría presentar pruebas para refutarla. Si toda la humanidad dejara de creer en Dios y de tener esperanza, me pararía como una vela en solitaria, y arder en la oscuridad para iluminar el camino con la luz de la verdad. Por eso, el símbolo de mi fe es una vela solitaria iluminando la oscuridad, porque todos los que tienen fe, no importa la fe que tengamos, son como las velas que iluminan la oscuridad.

Una vez que todos estemos unidos en la verdad de que todos somos ramas del mismo árbol, ese árbol prosperará. Una vez que entendamos que podemos tener diferencias, pero que todos somos iguales ante los ojos de Dios, podemos poner fin a la destrucción de una guerra religiosa. Una vez que resolvamos con respeto mutuo, trabajaremos juntos para resolver los problemas que enfrentamos como seres humanos y como un planeta y podemos empezar a resolver en realidad en una escala global.

Mi fe no depende de milagros o cumplimiento de un deseo para sostenerse, aunque he sido testigo de muchos milagros, no son lo que sostiene mi fe sino son estos lo que la confirman. Mi fe me ha enseñado que el Señor no es un hada madrina que agita una varita y hace que todos sus problemas desaparezcan, pero es un maestro que le da las herramientas para resolver sus propios problemas y le muestra la manera de hacerlo. Mi fe me dice que el Señor se comunica con todo el mundo, pero que no todo el mundo está escuchando. Mi fe no dice que "El Señor trabaja de maneras misteriosas", pero que el Señor obra a propósito y que las cosas malas que les pasan a todos nosotros, sirven como enseñanza a una lección que una vez aprendida, se abrirá el camino para lograr algo mejor.

Mi fe es la verdadera fe, pero sé que no es mejor que la fe de alguien más. Es sólo diferente. Ese conocimiento me permite construir una comunicación con otras personas de fe a pesar de que su fe sea diferente de la mía, porque siempre tengo en cuenta que mi fe es diferente, no es mejor y también no lo es la de ellos. Mi fe no tiene limitaciones. Eso está bien, porque tampoco tiene limitaciones el amor de Dios.

¿Dónde estaba Dios?

Siempre fui un niño bastante enfermizo. Cuando estaba cerca de un año y medio de edad, tuve convulsiones severas. Terminé en coma durante ocho semanas. ¿Dónde estaba Dios?

Cuando tenía dos o tres años de edad, tenía miedo a la oscuridad. Traté de decirles a mis padres, pero mi madre estaba demasiado ocupada trabajando tratando de mantener a nuestra familia y mi padre estaba demasiado borracho para cuidarme. ¿Dónde estaba Dios?

Cuando en los primeros años de mi vida, he visto con impotencia como el matrimonio de mis padres se desintegró ante mis ojos, que terminó en amargo divorcio antes de mi cuarto cumpleaños. ¿Dónde estaba Dios?

Cuando me enviaron a vivir con extraños, lejos de mis padres; ¿dónde estaba Dios?

Cuando me pase años de mi infancia viviendo bajo el control de estos extraños y físicamente, mentalmente, emocionalmente y sexualmente fui abusado, ¿Donde estaba Dios?

Cuando tenía seis años y medio de edad y escapé de una de las casas que me enviaron y tuve la intención de suicidarme camine por una colina a un acantilado y salte, ¿dónde estaba Dios?

Cuando a los nueve años de edad, estaba de vuelta con mi madre y nos mudamos a un apartamento diferente y la primera noche que pase, mientras yacía en la cama, un fantasma estaba rascándome la espalda y diciendo mi nombre y yo estaba demasiado asustado para moverme, o gritar o gritar por ayuda, ¿donde estaba Dios?

Durante todas las pruebas y sufrimientos que pase desde la infancia hasta la edad adulta, ¿dónde estaba Dios?

Hay momentos en los que sentimos que Dios nos ha abandonado, pero en realidad, es sólo nuestra percepción. Dios nunca abandona a nadie.

Cuando tenía un año y medio de edad y entre en convulsiones, de hecho morí. Un hombre alto, delgado, con barba de unos treinta años, entró en mi casa. Él dijo que él estaba allí para curarme. Le dijo a los paramédicos que vio la ambulancia estacionada en la avenida y él vino a ayudar. Los paramédicos le dijeron que era demasiado tarde, yo estaba muerto. Sin embargo, el hombre insistió en tratar de ayudar. Los paramédicos, supusieron que era médico, lo dejaron ayudar mientras ayudaban en mi abuela. El hombre encontró una manera para conseguir que mi corazón empezara a latir de nuevo. Mostró los paramédicos ellos se asombraron de que Él me había revivido. Luego se fue, nadie lo volvió a ver ni a oír de el. Dios estaba allí. Después me llevaron al hospital los paramédicos, estuve en estado de coma, embalado en hielo durante ocho semanas. Aunque me hicieron las todas las pruebas posibles, los médicos no podían encontrar la causa de mis convulsiones. Mantuve una fiebre alta a pesar de estar y tener hielo a mi alrededor para enfriarme. Al final de las ocho semanas, mi condición había desmejorado mucho hasta el punto de que los médicos le dijeron a mi madre a hiciera arreglos para el funeral.

Mi madre fue a un pasillo, fuera de la habitación del hospital y comenzó a llorar. Mientras lloraba, un hombre calvo, asiático con una túnica de monje se acercó a ella. Se acercó a ella y le preguntó por qué lloraba. Supuso que era un doctor que estaba de visita, ella le habló de mi terrible experiencia y mi muerte inminente. Le preguntó qué tipo de pruebas me había hecho. Enumeró las numerosas pruebas realizadas sobre mi pequeño cuerpo. Escuchó y luego le preguntó si los médicos habían hecho pruebas en mis oídos. Mi madre no estaba segura. El hombre le dijo que les dijera a los médicos que examinaran mis oídos. Tenía dos oídos infectados. Una vez que se dieron cuenta de esto, los médicos fueron capaces de curar el problema y salí del coma. Cuando mi madre le preguntó el nombre del doctor asiático que la había ayudado, así ella pudiera darle las gracias. Los médicos respondieron que en ese hospital no tenían ningún médico asiático en el personal y que tampoco tenían ningún médico de visita. Dios estaba allí.

Cuando era un niño, tenia miedo a la oscuridad, yo rezaba para pedir ayuda. De alguna manera, yo sabía acerca de Dios a pesar de que nunca había ido a cualquiera de los servicios religiosos. Cuando oraba, yo veía, una pequeña luz aparecer en la esquina del techo. No fue lo suficientemente brillante como para iluminar la habitación, pero era lo suficientemente brillante como para hacerme saber que estaba a salvo a pesar de que estaba rodeado por la oscuridad, la luz estaba todavía presente. Dios estaba allí.

Cuando fui un impotente testigo de la desintegración del matrimonio de mis padres y me colocaron en las casas de padres de crianza que en repetidas ocasiones abusaron de mí, aprendí lecciones y desarrollé compasión por los que sufren de manera similar. Cuando me convertí en un adulto responsable, les ayudé y sirvió como un ejemplo de que era posible salir de ese infierno y todavía llevar una vida normal. Dios estaba allí.

Cuando tenía nueve años un fantasma me rasco la espalda y llamo mi nombre durante toda la noche yo estaba realmente asustado. Al día siguiente, cuando le pregunté al dueño si alguien había muerto en mi habitación, me dijo que su madre había muerto. La fantasma y la rascada continuaron, pero no me molestó porque me di cuenta de que lo que yo pensaba que era una presencia peligrosa pero no era más que una madre, tratando de frotar la espalda de un niño para ayudar a que se vaya a dormir. Dios estaba allí.

A través de todas las pruebas y tribulaciones desde mi infancia hasta la edad adulta, Dios estaba allí, con las lecciones que me enseño y el conocimiento obtenido de ellos para poder consolarme en futuros tiempos de aflicción. Así que la próxima vez que usted está pasando por un sendero o tribulación, trate de encontrar a Dios, porque Dios está allí.

¿Cómo describirías a tu fe?

Si tuviera que describir su fe en una sola frase, ¿cuál sería esa frase? No es la religión a la cual pertenece, pero su fe individual con Dios. Todo el mundo, a pesar de su fe, tiene una relación individual con Dios. Esa relación constituye la verdadera fe.

Hay algunos que practican su religión con fervor, pero no te molestes con su relación de uno a uno con Dios. Otros nunca van a un templo o iglesia o santuario, pero están en constante contacto con Dios, orar o meditar o simplemente se relacionan. Algunos ven a Dios en un edificio, otros ven a Dios en todas partes. Entonces, ¿cómo describirías a tu fe?

Uno de las citas de ¿Qué pasa si?   Una serie Conversaciones...

¿Y si el propósito de la vida es aprender lo que tiene que enseñarnos?

¿Qué pasa si los obstáculos y contratiempos que experimentamos solamente son pruebas destinadas a hacernos más fuertes?

¿Qué pasa si los fracasos que experimentamos sólo son hechos para enseñarnos lo que no se debe hacer en el futuro?

¿Qué pasa si estamos destinados a aprender, no sólo de los errores que cometemos, sino también de los errores de otros?

¿Qué pasaría si cada experiencia de la vida, no importa lo breve o inútil que parezca en la superficie contiene un significado más profundo que las lecciones que se puede producir a partir de los conocimientos adquiridos y la experiencia que enseñó tanto al espíritu como el experimentar la vida y para el resto de la humanidad y el universo?

¿Sabiendo esto, sería el dolor y el sufrimiento inútil o sin sentido?

¿Si el propósito de la vida es aprender lo que tiene que enseñarnos... ?

¿Que has aprendido?

¿Cómo la manera de ser de Ud. afecta su entorno?

Si usted avienta una piedra al agua para que salte y salte al otro lado de un lago, en el agua se hacen ondas. Así como la piedra afecta el agua en el lago, así afecta el ambiente alrededor de usted por la forma de interactuar en ella. De hecho, la forma de actuar crea el ambiente que te rodea. He aquí dos ejemplos de esto, lo que paso recientemente en mi vida.

El primero de ellos ocurrió mientras yo estaba en la fila del supermercado, observé el hombre con carro en la fila para pagar. Fue al siguiente pasillo para conseguir algo que se le olvidó. Una señora paso por allí y se acercó a la línea del hombre que acababa de salir. En cuestión de segundos, sin ver a nadie allí la señora movió su carrito de distancia y se puso en el lugar de el en la fila. El hombre regresó dentro de los quince segundos y para entonces, la mujer ya había puesto cuatro cosas sobre la cinta transportadora. El hombre preguntó a la mujer por qué ella movió su carrito y se puso delante de él. La mujer respondió que no estaba allí, así que perdió su lugar. El hombre y la mujer se pusieron a discutir. Otras personas en el mercado que los veían de como discutían sintieron una tensión en el aire. Pronto otras personas comenzaron a discutir sobre quién tenía razón y quién no, en la discusión entre el hombre y la mujer.

El segundo ocurrió más tarde ese mismo día, yo estaba en la cola de un restaurante de una cadena famosa. Tenía una hoja de cupones con varios cupones y estaba preguntando si todavía eran buenos, como yo creía que ese día era el último día antes de que se vencieran los cupones. Había un hombre detrás de mí que tenía que esperar un poco más de tiempo a causa de mi interacción prolongada con el cajero. Después le di a la cajera el cupón que había seleccionado de la hoja me volví hacia el hombre que había estado de pie detrás de mí y me disculpe por mi tardanza. Le ofrecí mi hoja promocional para que él también pudiera aprovechar un cupón si encontraba algo que le gustara. Usó un cupón en la hoja. Luego le entregó la hoja a la mujer que estaba detrás de él en la fila y ella también utiliza un cupón en la hoja. Ambos llegaron a estar más animados y empezaron una conversación con los demás y conmigo.

Mis acciones hicieron que esas personas sonreirán y cambiaran el entorno del aislamiento en algo amistoso. Esto es algo que cualquiera puede hacer. Cualquier persona puede pasar una hoja cupón que está a punto de expirar y ofrecerla a sus compañeros que son clientes sin esperar nada a cambio. Usted podría considerar y hacer esto y en poco tiempo va a ver que cambia el ambiente que le rodea.

Cómo todo está conectado

Un día, mientras yo estaba regando el patio de atrás. El Señor me enseñó la siguiente lección. Como yo estaba regando el césped, me di cuenta que parte de la raíz del árbol salía por encima de la hierba cerca de 20 pies del árbol. Fue entonces cuando el Señor vino a mí y me dijo:

"Si deseas regar el árbol tu no sólo debes de regar el agua en la base del árbol, sino que debe también en sus raíces que surgen por todo el patio." Dijo el Señor. "Parar y mirar." Y añadió: "en todos los lugares donde la raíz del árbol surge en su patio."

Así lo hice. He encontrado una docena de lugares.

"Si no riegas todos esos lugares", El Señor continuó "El árbol se marchita y muere en los lugares donde no le cae el agua. No regar el árbol entero, en todos los lugares en los que su raíz surge lastima el árbol. De esta manera, el árbol está conectado a su patio y a su jardín por el árbol. "El Señor señaló."

"Este árbol en su jardín también puede representar el árbol de la vida en este planeta." El Señor continuó: "Toda la vida en este planeta está conectada. Si usted descuida una parte de la vida en este planeta, ya sea un individuo o una especie entera de plantas o animales, daña toda la vida en este planeta, porque toda la vida en este planeta está conectada tal como se conectan las raíces de este árbol".

Con eso, la lección terminó. Yo siempre había sabido acerca de la conexión de toda la vida en nuestro planeta, pero el Señor puso la conexión entre sí de una manera tan simple, pero profunda que, por primera vez, realmente entendí el concepto. Simplemente estoy relatando esta interacción aquí, para que así sea posible que usted lo entienda también.

¿Estas donde quieres estar en tu vida?

Es una buena práctica revisar tu vida periódicamente para ver dónde se encuentra en lo que se refiere al lugar donde quieres estar. Todos tenemos sueños. Todos tenemos metas. Revisar periódicamente tu vida puede ayudarte a aclarar si está o no está logrando sus metas. En primer lugar, eche un vistazo a las siete áreas principales que conforman su vida y evalúe dónde está o si no está satisfecho con ellas. Las siete áreas son la alimentación, la vivienda, la vida familiar, la vida social, amistades cercanas, vida amorosa, la vida laboral y el crecimiento.

Usted debe preguntarse sobre cada una de las áreas de su vida. ¿Son sus necesidades de alimentos y vivienda atendidos? ¿Tiene buenas relaciones familiares? ¿Tiene una red social que puede apoyarte? ¿Tienes amigos muy cercanos en los que usted puede confiar? ¿Como es tu vida amorosa? ¿Cómo es tu vida laboral? ¿Está usted en una carrera que amas o simplemente en un trabajo? ¿Está creciendo o simplemente se mantiene igual?

Donde estás tú en cada una de estas áreas con referencia a tu felicidad, por lo general depende de que tan cerca estés a las metas que te habías propuesto anteriormente. Las personas que generalmente son felices están bien satisfechas con su progreso hacia los objetivos que se han fijado o no tienen ninguna meta. Las personas que no están conformes con algunas áreas en particular están insatisfechas con su vida en general y por lo general no están satisfechas con su progreso en el logro de sus objetivos.

Cuando somos niños, a menudo no tenemos responsabilidades reales. No tenemos que ganar dinero para comprar comida o pagar el alquiler. Debido a esto, cuando somos niños, podemos soñar grande porque no hay obstáculos para detenernos. Nos imaginamos la vida que queremos tener cuando nos convirtamos en adultos. A medida que crecemos, las responsabilidades se acumulan. Tenemos que sacar buenas calificaciones en la escuela. Queremos ganar suficiente dinero para comprar algo que deseamos. Nos casaremos y tendremos que formar una familia. Las tensiones que acompañan a esto también se acumulan. Todo esto nos desgasta poco a poco hasta que tenemos que alterar nuestros sueños originales de lo que nuestra vida sería y también difiere la fecha en que esperamos lograr nuestro objetivo.

En realidad, ¿en donde se encuentra ahora en la vida es donde realmente quieres estar? Y esto se debe a que tienes todo a través de las opciones del proceso, y hay hechos que afectan su progreso hacia el logro de su meta. Usted ha tomado decisiones que le ayudan a alcanzar su objetivo y ha tomado decisiones que han impedido que alcance su meta. En algunos casos, las decisiones que tomaste que impidieron alcanzar tu objetivo, eran las opciones que no le podía ayudar. En algunas situaciones, la opción que impide era la única opción que podría haber tenido. Puede que no hayan sido técnicamente tu culpa pero tú tomaste la decisión y tienes que vivir con sus consecuencias. Puede no parecer justo, pero la vida pasa y las decisiones que toma determinan dónde se encuentra en la vida.

Si, después de que revise su vida, a encontrado lo que necesita mejorar en un par de áreas, comience a planificar, paso a paso, cómo va a mejorar. ¿Qué trabajo hay que hacer? ¿Cuánto esfuerzo necesita ser aplicado? ¿A qué hora, las finanzas o la educación tienen que ser cambiadas para permitir que usted ponga el tiempo y el esfuerzo para lograr un crecimiento en el área que desea mejorar? Por último, si todo lo demás falla, de una revisión de la realidad. Si sigues trabajando hacia un objetivo y nunca hace un progreso suficiente, entonces tal vez el objetivo no es realista. Puede que no sea imposible lograrlo, pero dado el tiempo, el esfuerzo y la educación que tiene, o tiene que dedicarse a ello, puede ser poco realista.

Todos tenemos metas. Todos tenemos sueños. No todos los alcanzaremos. Los que logran alcanzar sus objetivos a menudo planean el trabajo y el progreso se incrementa. Ellos pusieron la cantidad adecuada de tiempo y esfuerzo en ellos. Hacen sacrificios. Ellos hacen las decisiones que apoyen el logro de la meta. Una periódica Revisión de la Vida puede ayudar a poner su progreso en el enfoque y, al hacerlo, le ayuda a alcanzar sus metas.

Dar para recibir

Dar para recibir es una palabra grande de moda en estos momentos. Algunas empresas lo están utilizando para demostrar que son socialmente responsables. Quieren mostrar que están dando algo a la comunidad global. Otros lo utilizan como una manera de proporcionar a sus clientes más de lo que podrían esperar. Ambos, a su manera son ideales nobles.

¿Qué significa dar para recibir significa para una persona promedio? Muchos están caminando por el camino de la vida creyendo que tienen todo resuelto. Algunos saben acerca de la ley de atracción o Karma o el versículo bíblico sobre cosechas lo que siembras. Entonces, si algo realmente malo le sucede a ellos empiezan a dudar de las cosas en que una vez creyeron que eran verdad.

El concepto de dar para recibir está más allá del idealismo colectivo. Está más allá de los lugares comunes a los que la gente lleva con ellos, pero no los entienden completamente. Dar para recibir es un concepto que tiene el poder y una vibración espiritual que, cuando se usa correctamente y con el buen propósito, el espíritu, el entendimiento, la razón y la acción se conecta con el flujo y reflujo del universo.

Dar para recibir es más que tratar de recibir una recompensa en esta vida o en el pago de una deuda kármica mas adelante. Se crea algo activo con recompensas que son interminables. Dar para recibir con bastante frecuencia en el espíritu correcto evoluciona a renunciar por el bien de solamente dar. Aquí es donde el verdadero significado del concepto queda claro. Aquí es donde uno puede trascender en la monotonía de la vida cotidiana y ser uno con el flujo y reflujo del universo realmente entra en acción.

Siendo uno con el flujo y reflujo de los conocimientos y rendimientos del universo en las lecciones aprendidas de los errores cometidos, se da cuenta de que el fracaso lleva al éxito encuentra esperanza para toda la angustia y una respuesta para cada pregunta. Permite que se de cuenta del propósito de su vida y de no vivir la vida a propósito. Se le recuerda que cada uno de nosotros tiene una responsabilidad social. Y que cada uno de nosotros somos un miembro valioso de la comunidad global. Se le permite dejar que la luz que hay dentro de ti ilumine a la humanidad. Ese es el verdadero significado de dar para recibir.

La diferencia entre un siervo de Dios y alguien que trabaja por una recompensa

La diferencia entre un siervo de Dios y alguien que trabaja para tener una recompensa eterna y es que el siervo de Dios sirve a Dios, porque Dios le ha mostrado como hacer el trabajo y lo hacen. Los que lo hacen porque saben que hay que hacerlo. Ellos saben que haciendo el trabajo es parte de la misión de su vida y lo aceptan y al hacerlo lo aceptan con gozo. No hay recompensa esperada que no sea el logro que se siente cuando se completa una tarea. El trabajo en sí es suficiente recompensa.

Alguien que dice ser siervo de Dios y que lo está haciendo por una recompensa eterna no es un verdadero siervo de Dios. Son siervos con el concepto de que recibirán una recompensa eterna por sus esfuerzos. Como tales, no son diferentes de una persona que trabaja como voluntaria en un evento de caridad con la esperanza de encontrarse con una celebridad que puede impulsar su carrera. ¿Y si las celebridades no aparecen o se van en medio del evento? ¿Si la recompensa no se toma fuera de lo dicho iban a dejar de servir a Dios?

Muchos de los que dicen servir a Dios le llega más de una recompensa eterna. Atraen a la gente y junto con la gente viene estatus sociales y dinero. No hay nada malo con un mayor estatus sociales, dinero la gente con talento atraen a ambos. Usar una asociación según con el nombre de Dios para atraer a la gente es erróneo. Hay personas que hacen esto, y son de las cinco religiones establecidas, por las cinco grandes filosofías religiosas originales, el hinduismo, el budismo, el judaísmo, el cristianismo y el Islam.

Mire cuidadosamente y usted los verá. A menudo, son superestrellas con su aura personal por las nubes como significado de su servicio. ¿Podrán hablar de mucho de su servicio, incluso podrán hablar de mucho de Dios, ¿ pero están realmente realizando su servicio a Dios? ¿Sus acciones son superiores a lo que predican o lo que predican superan sus acciones?

Otras veces, no son superestrellas. Son alguien con más conocimiento en una área en particular. Se oye hablar de ellos y los buscamos o ellos escuchan acerca de nosotros y nos buscan. De cualquier manera, te dicen que pueden ayudarte. Luego te que ofrecen ayuda... por un precio.

Así que la próxima vez que alguien que dice ser un siervo de Dios o que dice tener una "A" con Dios y se cruzan en su camino, mira y ve si son realmente un siervo de Dios o simplemente uno que pretende serlo. La realidad es que hay muchos que pretenden y muy pocos siervos reales.

Gratitud: La clave de la verdadera Fe

¿Cuál es la clave de la verdadera fe? La respuesta a esa pregunta consiste en una palabra: gratitud. ¿Por qué la gratitud? Debido a que las personas que son verdaderamente fieles conocen y entienden que la vida es una experiencia de aprendizaje, que Dios te envía lo que tienes que aprender, y lo que las lecciones de la vida tienen que enseñarte.

Una persona fielmente superficial es como un excelente patriota, son felices al profesar su fe y mostrar gratitud en tiempos de abundancia, y cuando todo va de acuerdo a su manera. Se necesita una persona de fe profunda para profesar su fe y mostrar gratitud cuando la vida es dura y todo parece ir en contra de ellos. Sin embargo, es precisamente la gente de fe mas profunda la que se beneficia más en los tiempos de desafío. Esto es debido a que son los que realmente aprenden las lecciones en los tiempos de desafío que están destinados a enseñarnos. Rara vez repiten sus errores y estos pueden ayudar en los tiempos difíciles así han aprendido las lecciones.

La gente que tiene fe superficial rara vez aprende las lecciones que la vida está destinada a enseñarles. Ellos van por la vida buscando sólo los momentos felices y tratando de olvidar los malos momentos. Ellos en realidad nunca se olvidan los malos momentos, sin embargo, se aferran a ellos, a menudo inconscientemente. Ellos los reprimen y tratan de enmascarar con adicciones. Ya que nunca aprendieron las lecciones de los momentos desafiantes que estaban destinados a enseñarles y siguen repitiendo los mismos errores a menudo se enfrentan con los mismos desafíos.

Ambas personas los de la fe superficial y personas de fe profunda oran. La gente de fe superficial ora por la liberación. Las personas de la fe profunda oran porque se haga la voluntad de Dios. `La gente de fe profunda casi siempre esta de acuerdo con el resultado de los tiempos de desafío. La gente de fe superficial rara vez esta bien con los tiempos de desafío. La gente de fe profunda y la de verdadera fe, dan gracias a Dios por la experiencia y están agradecidos por lo que han aprendido de ella. La gente de fe superficial se molesta con Dios porque no responde a sus oraciones y no los libera a ellos de la experiencia. Ellos no ven la lección que deberían haber aprendido ya que están enfocados en evadir la experiencia en lugar de afrontar la experiencia propia.

La gente de fe superficial depende de los milagros y quieren que se les cumplan los deseos para mantener su fe. La gente de fe profunda y verdadera fe saben que la verdadera fe no depende de que se les cumplan los milagros ni deseos para sostenerla. Ellos están agradecidos por las experiencias que Dios les envía, tanto buenas como malas, porque saben, que Dios sólo les envía experiencias que pueden hacerlos más fuertes y que les dan lecciones que aprenden a través de ellas.

¿Qué si la percepción determina la realidad?

Parte de mi serie ¿Qué pasa si?:   Y conversaciones

¿Y si la realidad tal como la conocemos no es más que un acuerdo sobre la serie de reglas que todos seguimos?

¿Y si las leyes de la física son verdad o no son verdad? ¿Y si fuera cierto para aquellos que están de acuerdo a seguirlos, puede ser superado por el numero de personas por las que no están de acuerdo?

Esto podría explicar las anomalías de un pequeño grupo de personas que tienen a lo largo de nuestra historia y parecen desafiar las leyes físicas. Los Siddhas que pueden levitar pulgadas sobre la tierra, a los médicos brujos y hechiceros y brujos que parecen ser capaces de acceder a una conciencia alternativa y hacen cosas que para el resto de la humanidad son imposibles.

¿Y si la realidad se determina por la percepción de un solo y un cambio en la percepción podría producir un cambio en la realidad de uno?

Imagine las posibilidades de la salud humana, en la conquista de la guerra, el hambre y la contaminación. Esto significaría que el primer paso para cambiar nuestro mundo para mejorarlo es cambiar nuestra conciencia colectiva. Un cambio en nuestra conciencia colectiva daría lugar a un cambio en nuestras acciones colectivas. Podríamos, como una raza, la raza humana, cambiar nuestro mundo. El mundo no tiene que estar contaminado. El hambre no tiene que ser tan prevaleciente. La enfermedad no tiene porque ejecutar a la gente. Guerra no tiene que ser declarada.

Puede que sea imposible cambiar la conciencia colectiva de toda la humanidad al mismo tiempo. Sin embargo, se puede cambiar la conciencia colectiva de la humanidad con una sola persona a la vez. El Señor me ha enviado esto: "Qué pasa si" Conversaciones de modo que pueda comenzar las conversaciones que conduzcan a cambiar la conciencia colectiva de la humanidad. Si ha encontrado esta conversación, usted ha sido elegido para ser una de las personas que comienzan la conversación. Independientemente de si usted decida participar, por supuesto, eso depende de usted. Piense acerca de las preguntas planteadas aquí. Medite sobre ellas. Comparta y discútelas con sus amigos y colegas. Comience el cambio.

Un ejemplo de cómo su percepción determina su realidad

En un esfuerzo continuo para ilustrar cómo su percepción determina su realidad he escrito una historia que puede ser visto desde dos perspectivas diferentes. Cada perspectiva determina la realidad de la persona que lo sostiene. Una perspectiva puede ser vista como beneficiosa o buena y la otra se puede ver la perspectiva como malévola o malvada. Cada perspectiva podría ser de alguien en la carretera junto una casa y se ven dos hombres que entra por una puerta lateral a la propiedad. Lea la historia y luego responda a la pregunta de la parte inferior. Usted debe escoger una de las dos opciones.

Una casa

Los dos hombres caminaron hasta que llegaron a una puerta enorme, "Mira, yo te dije que hoy era un buen día para venir aquí." Dijo Pete.

Entraron por una puerta pequeña por un lado. Los arbustos altos escondían la casa de la carretera. La pareja paseó lentamente por el patio muy finamente ajardinado. "Alguien podría vernos." Bill dijo preocupado en voz alta. "Nah", dijo Pete, "Nadie nos puede vernos desde la carretera." ¿"Por lo tanto, la familia está de vacaciones, mientras que la casa está a la venta?", Dijo Bill, "Sí que están", dijo Pete. "Tenemos este lugar para nosotros solos." Añadió.

Caminaron por el patio y hasta una colina. Cuando llegaron a una inclinación abajo de la colina se alcanzaba a ver la casa. "No sabía que este lugar era tan grande". Dijo Bill. "Nadie lo sabe, ese es el punto, esta apartada para asegurar la privacidad." Respondió Pete.

A medida que se acercaban a la casa se dieron cuenta de que tenía dos puertas francesas que daban al patio trasero y una puerta en el lado del garaje. Entraron en la puerta en el lado del garaje. No había nada en el garaje, excepto tres bicicletas italianas de carreras de diez velocidades. Al final del garaje había una puerta que conducía a la casa. Pete sabía que iba a estar abierta, ya que por lo general estaba.

La puerta se abrió en la sala de estar. "Yo no sabía que este lugar era tan grande.", Dijo Bill. "Parece más grande, ya que añadieron un televisor de 75 pulgadas de pantalla grande y sonido envolvente." Dijo Pete. "Y mira eso en chimenea!" Bill señaló al la recién instalada, chimenea de mármol. Dos sólidos Premios de Oro de los Grammy estaban sobre el manto.

"Vamos a escuchar esto cómo esta el sonido de este bebé." Dijo Pete cuando él encendió la televisión, lo cambió a Internet y hizo clic en Pandora. Él encontró su canción favorita, que resonó por toda la casa en un volumen división para romper el tímpano. "Bájale!", Gritó Bill. "Alguien podría oírlo." Añadió. "No te preocupes", dijo Pete. Toda la casa está esta a prueba de sonido, podría estallar una carga de dinamita y nadie lo escucharía. "Añadió.

Entonces fueron al cuarto extra de la casa. El cuarto era un estudio de grabación con un equipo carísimo. ¿Viene el estudio con la casa? Pregunto Bill. "No el dueño lo mando a construir pero todo es removible fácil de quitar y limpiar" Dijo Pete.

Entonces los dos hombre fueron a cuarto principal. Que tenía un cuarto extra con sauna y una tina de spa. El solo cuarto tenía un enorme closet que al podías entrar y caminar. Dentro del closet había una pared falsa. Pete toco tres veces y apareció un cuarto pequeño. El cuarto tenia una gran caja fuerte en el. ¿No es este lugar fabuloso o que? Pregunto Pete. "Es de los mas fabuloso" Respondió Bill.

¿Son los dos hombres Clientes, vendedores de propiedades o son ladrones?

La primera perspectiva es una persona que pasa por la carretera y asume que los hombres son de bienes raíces o clientes. La segunda perspectiva asume que los dos hombres son ladrones. Como se siente el lector acerca de los dos hombres por la forma de ser de sus conversaciones y también se puede determinar por su propia experiencia que perspectiva le dará a la historia. ¿Cual escogió, bienes raíces, cliente o ladrón? Su percepción en esta historia dice mucho se su percepción de la vida y el mundo en general.

Una bendición disfrazada.

¿Alguna vez le ha pasado algo malo, solo para darse cuenta más tarde que actualmente era una bendición disfrazada? Cosas malas le pasan a la gente buena todo el tiempo. Pero mientras algunos retienen el dolor causado por cosas malas como si fueran joyas preciosas, dejando que el dolor los detenga y no tratan nuevas experiencias. Otros las dejan ir y continúan con sus vidas.

Se ha escrito que todo sucede es por una razón. Es cierto, todo sucede por una razón es sólo que la persona a la que le sucede usualmente no sabe cuál fue la razón en ese momento del porque esas cosas le están sucediendo. La razón por lo general sólo se hace evidente en retrospectiva, después de que el incidente ha pasado después de un tiempo y un poco de perspectiva puede ser alcanzada.

Así que, ¿cuál es la diferencia entre las personas que están devastadas por las cosas malas que les pasan y los que parecen sobresalir de una forma rápida más allá del trauma asociado con el incidente? Las personas que salen rápidamente son a menudo personas en una de tres categorías: son personas de fe, las personas espirituales o personas con una actitud positiva.

La gente de fe a menudo sobrepasa más allá de las cosas malas que les suceden porque se les ha enseñado a través de su religión que Dios vela por todos y los protege. Tienen un libro sagrado, lleno dc historias y parábolas que ilustran cstc punto. Tienen autoridades religiosas que pueden ir a buscar para orientación. Tienen a una comunidad de personas que creen en lo hacen y que pueden contar con su apoyo. Siguen adelante con la ayuda de otras personas de fe como miembro de una comunidad solidaria.

Las personas espirituales creen en un poder superior. Creen que el poder superior es en última instancia del bien y que las cosas malas son parte de la vida. Buscan aprender la lección de que lo malo fue enviado para enseñarles a ellos. Se recuperan, porque saben que lo malo que acaba de sucederles a ellos paso por una razón. Pueden no saber el motivo en el momento, pero sabiendo que sucedió por una razón les da la fuerza para seguir adelante.

Las personas con una actitud positiva ante la vida pueden no tener religión. Ni siquiera puede que crean en una potencia superior. Ellos tienen la fortaleza por la honesta creencia de que cosas buenas pueden salir de las malas y que no hay mal que por bien no venga. También pueden tener pensamientos más fuertes con la creencia de que de que lo malo podría haber sido peor y se que cuentan como la suerte que lo malo no era lo peor. También pueden creer que hay algo mejor a la vuelta de la esquina. Se superan para llegar a ese algo mejor.

¿Está usted en cualquiera de los tres grupos descritos anteriormente? ¿Tiene un libro sagrado, autoridades religiosas y una comunidad detrás de usted? ¿Usted cree que todo sucede por una razón y busca una lección por cada evento? ¿Usted cree que no hay mal que por bien no venga? O... ¿está una combinación de dos o más de estos tres tipos? Si es así, enhorabuena, no se ha desarrollado una estrategia de supervivencia para las cosas malas que suceden en la vida. Si usted no pertenece a ninguna de las tres categorías mencionadas, ¿cuál es su estrategia de afrontamiento? ¿Cómo ha funcionado para usted? ¿Deja que las cosas malas que le suceden lo detengan o avanza más allá de ellas? La próxima vez que algo malo le suceda a usted y confíe en mí, algo malo le va a pasar tarde o temprano, recuerde el tipo de personas que sobresalen más allá de las cosas malas que le suceden a ellos y ver lo que puede usar que funcione para usted.

El secreto del crecimiento espiritual

Hay evidencias y sufrimientos en cada vida. Hay enfermedades y discapacidades. Hay cicatrices que se curan lentamente y cicatrices que nunca sanan por completo. Es la soledad, la pérdida y todo tipo de sufrimiento. Hay frustración y el fracaso. Hay sueños que son diferidos y sueños que nunca se realizan. No son las derrotas en la vida lo que le derrota pero cómo reacciona ante ellas. Hay quien aprende las lecciones que pueden dar origen a partir de estas experiencias se puede minimizar su efecto y las utilizan para ser más de lo que eran antes de que ocurrieran.

Porque en realidad no son más que lecciones. Pueden ser duras lecciones, pero no obstante son más que las lecciones. Los momentos amargos de la vida es lo que hace momentos agradables y dulces. Es el luchar de la vida que hace que los éxitos parezcan que valen la pena. Es la dificultad del camino cuesta arriba lo que hace que la bajada sea todo un placer. Es el esfuerzo puesto en algo que le da su verdadero valor.

Así dejen que las pruebas y sufrimientos vengan; puede soportarlo. Deja que la enfermedad y la discapacidad contacten levemente su cuerpo y reduzca su eficiencia; su espíritu lo impulsara hacia adelante. Deje que las cicatrices le recuerden, no lo que ha perdido, pero lo que ha triunfado. Deje que la pérdida y la soledad cambien lo que valora y deje que el sufrimiento lo fortalezca. Deje que la frustración y el fracaso le enseñen qué hacer y dar cabida a la sabiduría que le muestra qué hacer. Deja que esto que le molesta a usted que se mueva más allá de ello en la siguiente fase de su viaje. Deje que los sueños difieran y se den cuenta de que pueden reemplazar con sueños que se pueden realizar.

La manera de creer puede cambiar el mundo

La creencia es una fuerza de gran alcance. La creencia es lo que motiva a la humanidad para hacer casi todo lo bueno y malo.

Es la creencia que ha ayudado a crear todo lo que se ha inventado. La creencia ayuda a determinar la percepción y su percepción determina su realidad. Lo que comienza con la creencia de una persona, puede extenderse a otros. Con el tiempo, millones comparten la creencia. Esto se conoce como la creencia colectiva. Para la humanidad debe de experimentar de manera uniforme en una realidad más positiva, primero tenemos que creer colectivamente de que un mundo mejor es posible y luego trabajar para alcanzarla. Entonces nuestra percepción va a cambiar y junto con él, nuestra realidad.

Estar con la naturaleza

Hoy en día, mientras estaba en mi jardín que para mi es un santuario, es el lugar donde vivo, vi unas cuantas docenas de pollillas de colibríes zumbando alrededor, se alimentan de néctar de las flores en uno de los arbustos de allí. Las polillas de colibríes son de colores brillantes insectos del tamaño aproximado de una cría del ave de un colibrí. Se quedan quietas en el vuelo y vuelan de manera similar a un helicóptero al igual que lo hacen los colibríes.

Mientras estaba parado cerca del arbusto, las polillas revoloteaban a mí alrededor, alimentándose justo en frente de mí como si yo no estuviera allí. Uno de ellos fue volando a pocas pulgadas de mi nariz. Me incliné hacia él por detrás he hice una respiración poco profunda creando una neblina que gentilmente pasó sobre su espalda. Continuó la alimentación, como si yo no estuviera allí.

La sensación era tan mágica, de pie allí, entre docenas de hermosas polillas del tamaño de un pequeño colibrí, disfrutando de la tranquilidad del momento y participando con ellos en espíritu. Este tipo de cosas me pasan todo el tiempo en el santuario pero siempre me maravilla cuando lo hago. También recuerdo el león de montaña que se hizo mi amigo, pero eso es otra historia para otro momento.

Parte de la serie Conversaciones ¿Qué pasaría si...?

¿Qué pasa si hay más de un camino hacia Dios?

¿Qué pasaría si todas las personas buenas, sin importar su fe, pueden entrar en el cielo?

¿Qué pasaría si todos los Profetas están realmente diciendo la misma cosa y cuando todas las cosas se sumen por sus seguidores y fueran analizadas y dejaran la distancia, y la esencia de todos estos mensajes? seria:

Ama a Dios, como a ti mismo, Amor entre sí, ayudarse unos a otros y cuidar de este planeta y a todos los que viven aquí.

¿Qué pasaría si la humanidad pasara menos tiempo tratando de salvar almas y más tiempo tratando de salvar vidas y de mejorar la calidad de vida en general para todo el mundo, sin importar la religión o nación o ideología política que tengan o sean parte de?

¿Qué pasaría si todas las guerras, atentados y asesinatos en el nombre de Dios, no son realmente acerca de Dios en absoluto?

Si cualquiera de estas cosas fueran ciertas, ¿cómo cambiaria esta verdad su percepción hacia Dios?

¿Cómo cambiaría su percepción de la humanidad?
¿Cómo cambiaría su percepción de la relación con Dios y los demás seres humanos?

Y por último... ¿Y si todas estas cosas son verdaderas?

¡Que tan Glorioso es el hombre!

Cuán glorioso es el hombre. Él camina erguido en el día con el sol que brilla sobre él. Él disfruta, vive de los frutos de su tierra, de su trabajo y su mente. Él puede estar durmiendo bajo las estrellas con la lluvia cayendo suavemente sobre él. Cuán glorioso es el hombre.

Cuán glorioso es el hombre. Cuando el viento sopla con fuerza y le resiste. Cuando las aguas se desbordan y pisa sobre ellas. Cuando tiembla la tierra o incendios o huracanes vienen con rabia y resiste las tormentas de la vida. Cuán glorioso es el hombre.

Cómo Glorioso es el hombre. Si pierde su casa, la reconstruye. Si pierde su trabajo se encuentra con un nuevo trabajo. Si pierde sus seres queridos les llora, se acuerda de ellos y sigue adelante con su vida. Cuán glorioso es el hombre.

Cuán glorioso es el hombre. Cuando sus hermanos lo traten mal se defiende de ellos. Cuando sus hermanos son ignorantes les enseña. Cuando sus hermanos tienen hambre, que les da de comer. Cuán glorioso es el hombre.

Cuán glorioso es el hombre. Aprende a caminar en la mañana de su vida, aprende a ejecutar en la tarde de su vida, aprende a relajarse en el ocaso de su vida y aprende a volar al final de su vida. Cuán glorioso es el hombre.

Cuán glorioso es el hombre. Él nace en una comunidad de fe. Crece a desarrollar su propia fe personal y termina su caminar de vida de la mano con Dios. Cuán glorioso es el hombre.

Un pequeño milagro con un mensaje

Esta mañana, me desperté mucho antes del amanecer, como suelo hacer durante la semana antes de ir a trabajar. Abrí la nevera para agarrar una botella de agua fría. Poner en la licuadora mi desayuno batido de proteínas. No había ninguna botella de agua fría allí. Así que busque en la nevera a fondo, pero todavía encontré ninguna botella de agua fría.

Entonces, fui a la despensa para conseguir una botella de agua tibia. Supuse que el agua tibia era mejor que nada de agua. Así que tenía una botella tibia para mí y otra para mi esposa. Así que cuando ella se levantó, dos horas más tarde, al menos podría tener una botella de agua fría para el desayuno batido de proteínas.

Abrí la puerta del refrigerador y para mi sorpresa, había una botella de agua fría en donde no había en el interior un minuto antes. En ese preciso momento, el Señor me envió un mensaje a mí: "Los que proporcionan a los demás lo recibirán para si mismos.

La raíz y causa del conflicto político global
Batallas que están entre Israel y Palestina, Rusia y
Ucrania y en Siria y Libia. Ébola y otros virus se
transmite de unas pocas naciones a otras partes del
mundo. Muchas personas se preguntan, ¿por qué?
La humanidad ha pasado por más cambios en los
últimos 200 años de lo que lo había hecho en los
cinco mil años anteriores. Esto se debe a que la
humanidad ha estado pasando desde la
adolescencia hasta la edad adulta. Nuestra edad
adulta comenzó oficialmente el 21 de diciembre de
2012. En ese momento se produjo un cambio, pero
como la mayoría de los cambios simplemente fue el
comienzo de un cambio, imperceptible para casi
todo el mundo. A medida que se desarrolla el
tiempo, sin embargo, el cambio se hará más
evidente.

La ignorancia política el egoísmo ánima y es la causa fundamental de la lucha política en todo el mundo. Los líderes ven las cosas sólo desde el punto de vista de su propia nación, cultura, religión o secta religiosa. Las personas que ven las cosas de esta manera, son las que abogan únicamente por su propio grupo, a menudo suben al poder dentro de ese grupo. Ellos son vistos como una voz o un defensor de ese grupo. Es que la estrechez mental que les pone en una posición de liderazgo y, como hemos visto con muchos líderes con el tiempo, una vez en el poder, pocos tienen el deseo o tienen el valor de entregar su poder.

Un nuevo día amanece en la comunidad global. En la actualidad existe una fuerte interdependencia global. Ninguna nación tiene la totalidad de los recursos naturales que necesita para sostener por completo su gente. Con el fin de sobrevivir, todas las naciones deben comerciar los bienes entre sí. La economía de cada nación depende de la economía global. Debido a esto, los conflictos regionales ya no están porque tienen consecuencias globales.

Aquellos cuyas costumbres, opiniones, prácticas religiosas y las acciones políticas van en contra de las normas de la comunidad mundial corre el riesgo de ser condenado al ostracismo por la comunidad mundial. El ostracismo (una palabra que he creado, pero, a su vez, esta de moda como la práctica que se implementa en todo el mundo) puede incluir una serie de sanciones a viajeros, a la economía y al comercio pueden devaluar monedas y arruinar economías. Los regímenes represivos han estado cayendo en todo el mundo. Esto continuará. Aunque habrá déspotas que se aferren al poder hasta el final, al final vendrá con el tiempo. Un nuevo liderazgo, nacerá el que mirara las cosas desde una perspectiva global.

Hay un dicho popular: "Pensar globalmente, actuar localmente". Este ha sido el mantra de muchos desde hace varias décadas. Es hora de un nuevo mantra: "piensa globalmente, actúa a nivel mundial." Los eventos transpiraran y seguirán pasando el mensaje de que hay que vivir en armonía. Que debe haber respeto mutuo. Que hay que trabajar de manera cooperativa. Los problemas que enfrentamos ahora continuarán los afrontaremos y crecerán en monumental escala. Así monumental es en lo que vamos a tener que trabajar de manera cooperativa para sobrevivir. ¡Ánimo!, nada engendra la armonía como la adversidad.

Hay algunos que piensan que esto va a cumplir un nuevo orden mundial, el aumento del anticristo, el fin del mundo o alguna otra como consecuencia horrible, pero están equivocados. En realidad, es sólo una parte de nuestro proceso de maduración. Será, en definitiva cumplir el destino de nuestra raza, la raza humana, porque sólo hay una raza y es la que somos, a pesar de lo que otros puedan decir, un solo pueblo bajo la misma sangre.

Como un alma, usted como un individuo va de una encarnación a otra, de una cultura a otra, de una nación a otra. Tiene experiencias de una vida a la siguiente si eres sabio, vas a aprender las lecciones al que pasar de una encarnación a la que siguen. La humanidad en su conjunto tiene un alma colectiva. El alma de la humanidad en su conjunto tiene una conciencia colectiva que aprende lecciones colectivas y tiene un destino colectivo.

Dios sólo envía desafíos para hacernos más fuertes y para preparar el camino. Puede que no ocurra en nuestra vida pero con el tiempo, la humanidad va a tomar su lugar, no como ciudadanos de una comunidad global, sino como ciudadanos de una comunidad universal. Las lecciones que deben aprender durante los tiempos que se realizará de acuerdo nos van a preparar para esto.

Hacia la Liberación Global

Cada ser humano en este planeta tiene derecho a los derechos humanos básicos. Todo el mundo debe tener el derecho a tener comida saludable para comer, beber agua limpia, educación, salud, saneamiento y servicios higiénicos y ser tratado con respeto y dignidad. En el mundo se han hecho enormes avances al respecto mas que en el siglo pasado.

En todo el mundo, más personas tienen acceso a una alimentación saludable y agua potable. Más niños están siendo educados y la alfabetización mundo está en su punto más alto. Más atención de la salud se está ofreciendo a más personas que en cualquier otro momento de la historia del mundo. Más personas tienen acceso a instalaciones sanitarias y de aseo. Los derechos humanos son una realidad en muchas de las naciones del mundo.

El mundo no es, como todos sabemos bien, perfecto. En todo el mundo un gran número de personas se acuestan con hambre cada noche. Millones de personas están sin acceso cercano al agua potable. Millones de personas se les niega el acceso a cualquiera que sea la educación por motivos de raza, clase o nacimientos múltiples en una sola familia. Mil millones de personas carecen de acceso a la sanidad local.

Millones de personas en el mundo son desplazados de sus hogares debido a la guerra o el racismo. Se han convertido en refugiados en otras tierras. Millones se siguen manteniendo en cautiverio como esclavos. Guerras siguen haciendo estragos y montan atrocidades civiles. La drogadicción hace estragos en todos los rincones del globo. El crimen continúa e incluso la muerte se produce a un ritmo tan alarmante que muchos están insensibles ante él. La gente lo ve todo en las noticias e ignoran las atrocidades que no se están produciendo en su propio vecindario.

Una herida para uno es una herida para todos. Si una persona va a la cama con hambre, toda la humanidad sufre. Si una persona se le niega la educación nuestro futuro colectivo sigue siendo ignorante. Si una persona se le niega la asistencia sanitaria, la enfermedad se propaga. Si la guerra hace estragos en otra parte del mundo que afecta a las personas en otras partes del mundo. Si el racismo detiene a miembros de una raza ninguna raza es inmune a sus horrores. ¿Si una persona está sometida a la esclavitud, puede cualquiera de nosotros ser verdaderamente libre?

Ahora es el momento de trabajar colectivamente hacia la liberación de todo el mundo. Para crear un mundo donde todas las personas disfruten de los derechos humanos básicos. Para crear un mundo donde todas las personas disfrutan de la igualdad en el respeto mutuo y la dignidad. Para crear un mundo donde ningún niño sea maltratado, sin educación o vaya a la cama con hambre. Es hora de crear un mundo que no presentará la limpieza étnica, el genocidio y la guerra. Es hora de crear un mundo libre de racismo, de sexismo y la esclavitud. Es hora de luchar por un mundo en el que todos los pueblos puedan coexistir con el respeto mutuo en una sociedad global donde las ideas se intercambian libremente. Es hora de que la humanidad este a la altura de nuestro potencial en lugar de simplemente orar por ella.

Es hora de que todos nosotros hagamos todo lo posible, siempre que podamos y siempre que sea posible para que ese mundo sea una realidad. ¿Qué puede hacer para ayudar a hacer que el mundo sea una realidad?

La virtud de ateos y no creyentes

Yo soy una persona de fe, pero tengo amigos que son de muchas religiones diferentes. Tengo amigos que son agnósticos. Tengo amigos que son no creyentes y amigos que son ateos. Hay muchas religiones que disuaden a tener amigos que no son de la misma fe. Hay muchas más religiones que desalientan que tienen amistades con los ateos. Miran a los ateos como personas sin Dios. Yo no miro a los ateos de esa manera.

Los ateos que conozco son gente buena. Ellos aman a sus familias. Ellos se sacrifican por sus hijos. Ellos ayudan a los demás. Los ateos pueden poner a prueba la fe de la gente de fe. Ellos ven las personas que son buenas, pero que no creen en Dios y se preguntan acerca de por qué la gente buena se va a quemar en el infierno por toda la eternidad. Estas personas de fe, sin embargo, están torciendo su religión a su favor y poniendo sus emociones humanas como base de Dios, y esto disminuye a Dios.

Los no creyentes y ateos no reconocen la existencia de Dios. Algunos están en espera de la prueba de la existencia de Dios porque no han visto ninguna en su vida. En verdad es que la evidencia de que Dios existe en todas partes, pero su realidad es determinada por su percepción. Dos personas pueden ver la misma cosa y ver algo diferente en base a su percepción.

Vamos a tomar, por ejemplo, a pesar del hecho de que somos una especie similar a los monos y simios, hemos construido magníficas ciudades y han inventado cosas como automóviles, computadoras y naves espaciales. Una persona de fe mira estas cosas y ve la mano de Dios en ellos. Un no-creyente mira esto y ve la evolución natural o una serie de eventos aleatorios.

Un no-creyente mira a los desastres naturales y artificiales terribles que ocurren la enfermedad, la pobreza y el sufrimiento en el mundo y es una prueba de como no existe Dios porque, si Dios existiera, ¿cómo se podía permitir que pasaran antas cosas horribles? Algunos de ellos creen esto porque, porque sería mucho más horrible de creer que Dios existe, pensar que Dios es insensible e indiferente.

La gente de fe miran los desastres, las enfermedades, la pobreza y el sufrimiento en el mundo y, o bien lo ven como castigo, los sucesos naturales, obstáculos o desafíos puestos por delante, o como parte del plan misterioso de Dios. Otros lo ven como sus seguidores y es una forma de enviar un mensaje a la humanidad de parte de Dios: "¿Sus hermanos y hermanas se están haciendo daño, ¿qué vas a hacer al respecto"?

Lo interesante es que la gente de fe, agnósticos, no creyentes y ateos todos elegimos ayudar. Todos ellos contribuyen a ayudar a los pobres, dar alivio a las víctimas de desastres, y curar las enfermedades. Al hacerlo, están actuando como agentes del Señor y en respuesta al mensaje de Dios "Los estoy ayudando".

Los que le digan a los no creyentes y ateos que van al infierno lo están haciendo más por la necesidad de convertir o mantener a los seguidores en su fe, por temor a la continuación de la condenación eterna, de cualquier manera Dios nunca les dijo eso a los profetas. Se ha revelado que la forma en que usted cree en Dios o si no cree en Dios no hay ninguna diferencia para Dios. Dios es más grande que el sentimiento humano de un orgullo vengativo. Independientemente de si usted cree en Dios, Dios cree en usted. Dios está siempre con usted y Dios se comunica con usted, a través de eventos y por medio de otros, ya sea o no que usted elija escuchar a Dios.

Por lo tanto, este tranquilo. Usted no tiene que convertirse a ninguna religión en particular porque nadie tiene el monopolio de Dios. Usted puede creer lo que quiera sin temor porque Dios todavía te amará incondicionalmente. Lo que la cultura o la familia o el estado socioeconómico o la orientación sexual en que naciste no son importantes para Dios. Eso no es más con que lo que un comienzo.

Tiene una vida para experimentar, aprender y crecer. Las lecciones que se aprenden te enriquecerán, enriquecen todas las vidas que tocan y enriquecen a Dios. No importa cuál sea su fe, su no creencia, o la duración de su vida, todos contribuyan y de esta manera, cada vida tiene un significado y un propósito.

Dios mío

Mi Dios no exige a la gente que sigua órdenes como robots y no pone en riesgo las personas con la condenación eterna para mantenerlos en línea porque esas son acciones egoístas y Mi Dios no es egoísta.

Mi Dios no castiga a la gente por desobedecer. Mi Dios provee oportunidades de aprendizaje para que puedan aprender las lecciones y mejorar su comportamiento a través de una comprensión más alta en lugar de salir por miedo al castigo.

Mi Dios no permanece en silencio cuando la vida de las personas parece estar cayendo a pedazos, mi Dios se comunica con la gente a través de la Palabra, a través de eventos ya través de otras personas que entregan los mensajes.

Mi Dios no ha dado a un grupo de personas exclusividad en la palabra. Mi Dios no ha reservado un hogar eterno para los pocos elegidos. Mi Dios da la bienvenida a todos los que quieren llegar a conocer mejor a Dios.

Mi Dios es un amante de la igualdad de oportunidades y ama a todos los seres vivos por igual sin importar la forma que tomen. Toda vida es preciosa para mi Dios el tiene bondad para cualquier forma de vida que este en su favor. Tomar la vida de cualquier forma viviente está tomando una parte de Dios por que el causante no tiene la capacidad de restaurarla.

Mi Dios no juzga a las personas por su raza, la religión o la orientación sexual o condición económica, porque mi Dios sabe que estas son las cosas con las que las personas nacen ya que es un punto de partida. Mi Dios no mira por dónde usted empezó. Mi Dios mira cómo se va superando más allá de su punto de partida y lo que ha aprendido de la experiencia que llamamos vida.

Mi Dios no necesita pasar un juicio sobre la humanidad porque mi Dios ha dado un gene espiritual a todas las personas y una parte objetiva de ese gene permite a todos los espíritus para que puedan emitir un juicio sobre sí mismos.

Mi Dios entiende que la humanidad sólo puede entender las cosas cuando se les da la información que pueden comprender. Esta información es: La Palabra. Mi Dios envía profetas para entregar la Palabra, a veces, con la humanidad paralela los avances y la capacitación para entender más. Aunque Dios sigue siendo el mismo, la palabra va siempre cambiando a medida que se añade información nueva a lo que la humanidad conoce como la humanidad que ha avanzado lo suficiente como para entenderlo.

La voluntad de Dios siempre se realiza y mi Dios siempre gana porque mi Dios existe en el pasado, presente y futuro al mismo tiempo. Mi Dios es el dueño del tiempo y puede cambiar cualquier resultado, en cualquier momento durante el pasado, presente o futuro.

Mi Dios tiene un plan maestro en el que cada alma tiene un papel. Mi Dios tiene una misión para cada persona. Mi Dios ha proporcionado herramientas para cada individuo; para averiguar cuál es su misión.

Mi Dios es su Dios. Mi Dios es el mismo Dios que usted le ha estado orando no importa cual sea su religión. Si usted cree que sabe todo acerca de Dios y que no sabía algunas de todas estas cosas, ¿conoce realmente a Dios?

El cumplimiento de su destino

Cada ser humano nace con un destino. Al nacer, Dios susurra la misma frase para cada persona "El mundo es un lugar mejor porque naciste." Esta frase es una profecía. Es una profecía que anuncia parte de su destino. Es una profecía con la que carga y se cumple durante su vida.

Parte de su misión en la vida es descubrir cómo su vida puede cumplir esta profecía.

Hay muchas maneras en que puede cumplir esta profecía. Usted puede cumplir a través de una vida de servicio a los demás. Puede cumplirla al descubrir, crear o inventar algo que beneficia al mundo. Usted puede cumplir con ella por salvar la vida de otro ser vivo.

Usted puede cumplir con esta parte de su destino a través de servicio a los demás. Muchas profesiones, los médicos, los bomberos, los maestros, los trabajadores de la basura pueden ayudar a cumplir la profecía de Dios. La mayoría de la gente puede entender cómo los médicos, bomberos y maestros están incluidos en la lista porque los médicos y los bomberos se les conocen como salvadores de vidas. Los maestros se conocen como salvadores del futuro mediante la educación de los niños. Muchos no pueden entender cómo un trabajador de basura puede ser incluido en la lista. Los trabajadores de la basura ayudan a disminuir los efectos de las enfermedades. Muchos trabajadores de la basura se enferman a causa de enfermedades que se aferran a la basura de las personas que están enfermas. Al hacerlo, contraen una enfermedad que muchos otros podrían haber contraído si la basura fuera dejada a la intemperie en un lugar público.

Usted puede cumplir con esta parte de su destino al descubrir, inventar o crear algo que beneficie a la humanidad. Puede descubrir la cura de una enfermedad. Puede inventar una máquina que ayuda a limpiar el medio ambiente. Puede crear una pintura, una escultura, un poema que eleva los espíritus de las personas, de los sufren, pensar en las grandes preguntas de la vida. Cualquiera de este tipo de actividades puede hacer del mundo un lugar mejor y una sola alma a la vez.

Usted puede cumplir con esta parte de su destino para salvar la vida de otro ser. Salvar la vida de una persona podría permitir a esa persona completar su cumplimiento de esta parte de su destino. Salvar la vida de otro ser, una planta o un animal, por ejemplo, es estar realizando una actividad que crea un efecto directo para las generaciones que está salvando y las futuras generaciones que son sus descendientes.

Inspiración para todos

Volumen 1 Inspiracion para tu Espiritu
Un Libro por El Profeta de la Vida
Homenaje a todas las Madres
La Paternidad
El Mejor Regalo para Dar a un Niño
Dar Amor
Hombre musculoso
El Esposo Inteligente
Una pequeña vela
Tiene que creer en sí mismo
Muchas manos hacen trabajo más fácil
Nelson Mandela Cómo una vida puede cambiar el mundo
Misterios de la vida adolescentes de resueltos.
La esperanza es la respuesta
El verdadero significado del fracaso
Una cuestión de perspectiva
Citas de inspiración

Nota: Este libro contiene extractos de los siguientes libros: Cada letra dice una historia,
rebanadas de la vida, negro en América, Historias Verdaderas de Inspiración e Interés
General, Reflexiones en el Espejo de la Vida y Historias Verdaderas.

Homenaje a todas las Madres

No importa qué idioma hable
Madre se escribe con AMOR
¿Dónde estarías sin su madre?
Usted no estaría aquí.
En muchas culturas madres son vistas como
portadoras de niños
Pero en realidad son las que dan vida
Por que no sólo tienen los niños, pero alimentan y
los crían también
Y para muchos, el amor de una madre es el único
amor humano que es incondicional
Y el único amor de otro ser humano que ha
perdurado a lo largo de sus vidas
Incluso aquellos que no saben quién es su padre
saben quien es su madre
Así que si su madre está viva
Abrásela
Si ella está muy lejos, llámela
Ya sabes que siempre ella haría lo mismo por usted
Si ella ha fallecido
Recuérdela
Diga una oración por ella
Ella no pudo haber sido perfecto
Pero ella siempre hizo lo mejor que pudo
Voy a cerrar con un poema sobre las madres
A partir de una canción que escribí llamada "La
esperanza es la respuesta"

La mujer es una madre
Ella tiene un montón de bocas que alimentar
Se siente como un mártir
La frustración es lo que ella sangra
Así por muchas decepciones
Sin embargo, su fe que mantiene es fuerte
Los niños necesitan a alguien a quien admirar
En tiempos de desesperación
Para todas las madres de por ahí .... :)

La Paternidad

Cada 21 de junio es el Día del Padre en *América*. Habiendo vivido un tiempo en América, voy a tomar este día para escribir sobre la paternidad. Mi padre dejó a mi madre después de su divorcio. Mi hermana y yo pasamos muchos años creciendo en hogares de crianza temporal. No tenía una figura paterna real al cual admirar. Yo me inclinaba hacia hombres que tenían cualidades que yo admiraba para poder observarlos y aprender de qué era la virilidad. Un vecino me enseñó cómo hacer nudo a una corbata. Un profesor me enseñó la importancia de la expresión escrita. Un jefe me enseñó la importancia de la cortesía y el desarrollo de una ética de trabajo. Todos estos padres sustitutivos temporales me impactaron.

Entonces un día, me di cuenta de que siempre había habido una figura paterna presente en mi vida todo el tiempo. Dios. Ahora sé que Dios no es ni hombre ni mujer, pero cuando yo era joven, necesitaba una figura paterna, así que para estos propósitos Dios era un varón. Pensé en la bondad que Dios otorga a todos los seres. Trabajé en desarrollar mi bondad innata. Pensé en cómo Dios trabaja para corregir los errores y me esforcé por usar mi habilidad de escritura como una herramienta para ayudar a corregir los errores en este mundo. Pensé en cómo Dios ama a todos los seres vivos y desarrolle un sentido del amor por todas las cosas, personas, animales, plantas e incluso insectos.

He conocido a muchos hombres en mi vida. Algunos han abandonado a sus hijos. Otros son excelentes padres. Trato de influenciar a aquellos que han abandonado a sus hijos para que vuelvan a la vida de sus hijos de la manera que puedan. Con frecuencia alabo a los padres que son padres excelentes. Realmente los admiro. Los aplaudo. Mientras que ellos creen que están haciendo una cosa maravillosa para su familia, también están haciendo una cosa maravillosa para la humanidad. A través de la crianza de los hijos, están formando el futuro de la humanidad mediante el desarrollo de grandes personas que contribuirán a la humanidad. Sobre todo, están haciendo la obra de Dios.

Los padres son personas especiales. Cualquier hombre puede ser un donante de esperma. Se necesita un gran hombre para tomar el tiempo, el esfuerzo y la devoción para ser un padre. A todos los grandes padres que están ahí fuera, son apreciados. Disfruten su día.

El mejor regalo para dar a un niño.

¿Cuál es el mejor regalo para dar a un niño?
No es algo que tiene que gastar mucho dinero.
Es algo que usted tendrá que pasar tiempo.
El mejor regalo para dar a un niño es el regalo de una alta autoestima positiva.
Las niñas con alta autoestima positiva son menos propensas a tener relaciones y quedar embarazadas en su adolescencia.
Los niños que tienen alta autoestima positiva son menos propensos a convertirse en víctimas de acoso.
Los niños que tienen alta autoestima positiva son menos propensos a sucumbir a la presión de los compañeros que se conviertan en drogadictos o miembros de pandillas.
Y son más propensos a creer en sí mismos y no tienen miedo de pensar fuera de lo común y actuar de forma independiente.
Todas estas cosas son puntos de referencia para el éxito en la escuela, en el trabajo y en la vida.
Un alto autoestima positivo puede ser construido por:
Elogiar las cosas buenas que su hijo hace.
Alentar a su hijo a probar cosas nuevas.
Apoyar las cosas que el niño quiere probar y hacer.
Mostrarle a su hijo amor incondicional sin importar lo que haya hecho.
Así que ahorra dinero.

Toma el tiempo
Haz el esfuerzo.
Dele a su hijo una alta autoestima positiva.

Dar amor

Dar un regalo que sigue dando
Dar amor

Dar a luz una sensación que seguirá dando
Dar amor

Dar el tipo de regalo
Que el dinero no puede comprar

El único que garantizaba
Satisfacción

Dar amor
Esta vez da amor

Usted no tiene que luchar a través del tráfico
O esperar en largas colas

Dar el regalo que será apreciado
Durante toda la vida

Dar amor

Dar el regalo que es adecuado para cada ocasión
Es una hermosa expresión

De su propia creación

Dar amor
Esta vez da amor

Si te importa lo suficiente para dar lo mejor
No hay razón para conformarse con menos

Dar amor

Hombre musculoso

El esposo y la esposa habían estado casados durante muchos años. Hace tiempo que el marido había pasado de su mejor momento y rara vez hacia ejercicio. Todavía le gustaba pensar en sí mismo como un hombre guapo y bien construido. Un día, su esposa le tocó el vientre, que había ampliado varias pulgadas de largo de los años, y dijo que "flácida".

El hombre tomó esta declaración en serio y decidió hacer un poco-nada al respecto. Detestaba ejercicio. La próxima vez que vio la mano de su esposa acercarse hacia él tensó sus músculos. Ella no dijo que estaba flácida. Con el tiempo, el hombre desarrollo el hábito de ponerse tenso cuando la mano de su esposa se acercaba a su cuerpo. Un día, la esposa decidió poner a prueba a su marido. Movió su mano hacia su hombro, él se puso tenso. Era duro como una roca. Movió su mano hacia su brazo. Se tensó hasta allí también, ella se rió. Ella movió la mano a la parte baja de la espalda, él se puso tenso allí también. Ella se rió de nuevo. Su mano recorrió suavemente hacia la parte posterior de su muslo. Se tensó hasta allí también. Ella rió.

Luego, con un brillo en los ojos, dijo: "¿Qué le parece su hombre musculoso?"

"Me gustaría que el hombre que estaba sintiendo era el hombre con el que he estado casada." Respondió ella con una sonrisa.

Cortesía de Mark Wilkins, Del libro Las rebanadas de la vida Volúmen 1.

El Esposo Inteligente

Bryan y Annie habían estado casados cerca de cuatro años. Bryan era quince años mayor que Annie que tenia 27 años de edad. Annie y Bryan tenían un perro grande. Annie tenía la costumbre de permitir que el perro se subiera a su regazo, tocar su nariz con la de ella y le daba una gran lamida en su rostro. A Bryan nunca importaba. Era sólo una de esas cosas peculiares que un cónyuge hace que el otro cónyuge soportó y aprende a ignorar.

La madre de Annie estaba de visita durante una semana. Trabajó muy duro para cocinar una cena con pavo. Los tres se sentaron a la mesa y empezaron a comer. De repente, su perro Sparky puso sus patas delanteras en el regazo de Annie y se subió a su regazo. Ella volvió la cara hacia él y le tocó la nariz a la de ella. Luego le dio una gran lamida en el rostro. El perro se bajo y se acostó al lado de Annie.

La madre de Annie estaba horrorizada por lo que acababa de presenciar.

"! Que cerda!", Gritó. "Que cerda eres Annie!"

Luego miró a Bryan. "¿Qué crees cariño? ¿Cuál de ellos es un cerdo, su perro o mi hija? "

Bryan pensó por un momento antes de responder.

"Si me estás preguntando cuál es un cerdo, mi esposa o mi perro, el cerdo es siempre mi perro." Dijo.

Annie rió con regocijo. ¡"Que maravilloso marido tengo!"

La madre de Annie bromeó "Pero Annie es inteligente tiene un cerebro y debe saber mejor. ¿El perro es un perro tonto? "

"Porque esta noche, cuando me voy a dormir," Bryan respondió: "Quiero dormir en mi cama con mi hermosa, amada esposa en lugar de en la caseta del perro con Sparky".

Cortesía de Mark Wilkins, Del libro Las rebanadas de la vida Volúmen 1.

Una pequeña Vela

VERSO 1
Ella vivía en el centro de la ciudad
Pero se sentía como si estuviera viviendo en el infierno
Se preguntó cómo terminó allí

Y sentía temor cuando llegaba la noche
Se sentía tan aislada
Y marcada por sueños rotos
Ella se durmió serenada por
Tiros, gemidos y gritos
Encendieron una pequeña vela
Y la puso junto a su ventana
Para luchar contra la oscuridad
Y que el mundo sepa
Esa pequeña vela
Una alma para defender sus derechos
Una pequeña vela
Para mantener lejos a la noche

Mientras luchaba cada día
Caminaba hacia sus metas mientras estaba rodeada
por
Los que perdieron el camino
Ella fue asaltada por las tentaciones
Martillada por la negligencia
Pero siguió caminando de todos modos
Un paso después del siguiente
Encendió una pequeña vela

Esto siguió por años
Y las cosas mejoraron con el tiempo
Luchaba todos los días
Y encendía una vela cada noche
Una noche antes de dormir
Ella miró hacia fuera y para su sorpresa

Vio otras 10.000 velas
Ahogando la oscuridad con su luz

Encendieron una pequeña vela
Y la pusieron junto a su ventana
Para luchar contra la oscuridad
Y que el mundo sepa
Esa pequeña vela
Es un alma para defender sus derechos
Una pequeña vela
Para mantener lejos a la noche

"Muchas manos hacen el trabajo liviano."

Joe era un granjero. Tenía una esposa y dos hijos. Tenía una granja de 400 acres. Joe tenía muchos deberes que cumplir en su granja. Tenía que cuidar de su cosecha de maíz, tenía que atender a su rebaño de 10 vacas y cuatro caballos. Tenía que alimentar a sus 30 pollos y 8 cerdos. El día de Joe comenzaba a las 5:00 de la mañana y con frecuencia no terminaba hasta las 6:00 p.m.

A pesar de que Joe tenía mucho trabajo que hacer en su granja, nunca dudó en ayudar a un vecino necesitado. Cuando la familia Johnson necesito algo de alimento para que sus pollos se alimentaran durante un invierno, Joe les dio algo de su comida. Cuando el campo de pastoreo de la familia Pérez se quemó, dejó que pastaran sus tres vacas con sus 10. Cuando el hijo mayor de la familia Umboogoo se rompió la pierna en su granja, Joe ayudó a prepararlo y lo llevó al médico más cercano en Factoryville a 75 millas de distancia.

Un día, un tornado golpeó el área donde Joe y su familia vivían. Se agitaba, giraba y giraba de un modo muy aterrador. Destruyó varias secciones de tierra en las granjas alrededor de la granja de la familia de Joe. El tornado destruyó el granero de

Joe. A la mañana siguiente, Joe cortó algunos árboles y comenzó a aserrar tablones para reconstruir su granero. Calculó que le tomaría un mes para cortar todo y construir su granero. Con el invierno que debía comenzar en una semana, eso era una mala noticia para Joe.

Dos días pasaron, los vecinos de Joe se enteraron del granero de Joe. Sabían que no sería capaz de construirlo a tiempo para el invierno. Todos los agricultores familiares que vivían cerca de Joe pensaron en las cosas buenas que Joe había hecho por ellos. En la mañana del tercer día, 60 personas se presentaron para ayudar a Joe a reconstruir su granero. Dentro de dos días un nuevo granero estaba listo donde el viejo había estado en ruinas algunos días antes. Si Joe hubiera tenido que construir ese granero por sí mismo le habría sido imposible terminarlo a tiempo. Con la ayuda de muchos de sus amigos, el granero terminó a tiempo. Este capítulo de la vida de Joe le enseñó un significado máximo "Muchas manos hacen el trabajo más ligero".

Nelson Mandela Cómo una vida puede cambiar el mundo

Aunque no era de América, Nelson Mandela creció en una sociedad segregada donde los racistas dirigían el gobierno. Su extraordinaria historia sirve de inspiración a los que luchan contra el racismo en la actualidad.

Nelson Mandela nació en la familia real Thembu de la tribu Xhosa en Sudáfrica en 1918. Estudió derecho en una universidad. Cuando era adulto, se trasladó a Johannesburgo y se enfrentó a la versión del racismo institucional de Sudáfrica del segregación racial. Aunque la gente negra prevalecía en Sudáfrica, no podían votar, tuvieron que vivir en áreas segregadas y sus movimientos y discurso fueron restringidos.

Mandela se unió al Congreso Nacional Africano (ANC) y la organización segregación racial. En 1948 el Partido Nacionalista Africano se hizo cargo de Sudáfrica y se movió para fortalecer la segregación racial. Durante los próximos 14 años, Mandela se hizo importante, famoso y se convirtió en un líder en el ANC. En 1962 fue juzgado por conspiración para derrocar al Gobierno de Sudáfrica y fue condenado a cadena perpetua.

Él pasó la mayor parte de los 27 años próximos en una prisión en la isla de Robben de la costa de Suráfrica. Un esfuerzo internacional presionó para la liberación de Mandela de la prisión. Fue puesto en libertad en 1990. Mandela se convirtió en presidente del ANC y durante los próximos cuatro años, negoció con el presidente sudafricano F.W. De Klerk para abolir la segregación racial y celebrar las primeras elecciones multirraciales de Sudáfrica. En 1993 ganó el Premio Nobel de la Paz y en 1994 fue elegido Presidente de Sudáfrica. Durante su mandato encontró una manera de crear un puente entre las razas e hizo de Sudáfrica una nación próspera de verdadera igualdad. Dirigió con el ejemplo e ilustró cómo una vida puede cambiar el mundo.

Cuando Mandela fue encarcelado, el final de la segregación racial parecía una meta insuperable. Sin embargo, lo visualizo. Fue privado de su libertad por un gobierno que lo encarceló durante gran parte de su vida, pero perdonó a sus carceleros y venció su prisión. Se deshizo de la dura resolución de la segregación racial hasta que se derrumbó bajo el peso de su justicia. Una vez en el poder, no se vengó, sino que construyó puentes y con sabiduría y coraje, hizo de Sudáfrica el modelo para otras naciones y se convirtió en una inspiración para toda la humanidad.

Los misterios de la vida de un adolescente resueltos.

¿Sabes cómo tus padres siempre te dicen que no hagas cosas, pero nunca te dicen por qué? Te dicen cosas como trabajar duro, obtener buenas calificaciones, respetar a los demás, tener cuidado con las amistades que se mantengan alejados de las drogas y el alcohol. Todos estos misterios están a punto de ser resueltos. Este artículo va a decirle por qué.

Los padres les dicen que trabaje duro y obtenga buenas calificaciones porque, para la mayoría de las sociedades de todo el mundo, la escuela es el camino hacia la superación. Incluso la persona más pobre las familias más pobres pueden moverse hacia arriba económicamente, socialmente e intelectualmente consiguiendo una buena educación. Ir a una buena escuela puede ayudarle a convertirse en una persona más disciplinada, bien experimentada y con buenos conocimientos. Ir a la escuela correcta podría obtener conexiones poderosas que le ayudarán a avanzar en el futuro. Personas sin dinero o conexiones pueden entrar en la escuela correcta, pero sólo a través de excelentes calificaciones. La graduación será la clave para un buen trabajo. Un buen trabajo es la clave del progreso económico.

Los padres le dicen que respete a los demás. Te dicen esto porque las personas que no respetan a los demás no obtienen respeto a sí mismos. Si usted consigue un trabajo y no muestra a sus colegas y clientes el respeto no tendrá un trabajo por mucho tiempo. Gánsteres y criminales no obtienen respeto. Ellos piensan que si lo tienen, pero lo que realmente obtienen es respeto falso delante de ellos, mientras que la gente se ríe de ellos a sus espaldas. Esto es porque no tienen trabajo ni futuro. No respetan a nadie. Ellos dan intimidación a través del miedo y tienen que llevar un arma para obtener el miedo. Eso es muy triste.

Los padres le dicen que tenga cuidado con la compañía que usted anda. Esto es porque usted es juzgado por la compañía que usted anda. Si usted anda alrededor con los genios, la gente pensara que usted es uno de ellos. La gente pensará que es inteligente. Si usted se junta con la gente que maldice mucho, usted terminará maldiciendo mucho. Si te juntas con asesinos, la gente pensara que eres un asesino o quieres ser un asesino. Cuando los asesinos son atacados por los rivales ¿adivinan quién más sufre las consecuencias? Tú las sufres. Mientras que los asesinos tienen otros asesinos para su seguridad, no tienes a nadie. Si los asesinos cometen crímenes, y usted se junta con ellos usted automáticamente se convierte en un sospechoso. Los sospechosos a veces pueden ser arrestados incluso acusados de un delito. Incluso si usted no es condenado, usted todavía puede obtener una mala reputación. Una que puede seguirte en toda tu vida adulta.

Los padres le dicen que se mantenga alejado de las drogas y el alcohol. Esto se debe a que las drogas y el alcohol son adictivos. Pueden convertirse en el foco de su vida mientras que todo lo demás, incluyendo cosas más importantes se caen por el camino. Es difícil concentrarse en la escuela cuando estás drogado. Si no puedes concentrarte, no puedes pasar clases. Si no puedes pasar clases, no puedes graduarte. Si no te gradúas, no pueden conseguir un trabajo decente. Antes de que usted lo sepa, usted estará dentro de la fuerza de empleos. Si usted está drogado todo el tiempo usted no podrá retener un trabajo. Si ya tienes una reputación e incluso un nombre de apodo que indica que eres un adicto, es probable que te siga en el mundo del trabajo. ¿Quién va a contratar a un drogadicto?

Hay razones para que tus padres te digan estas cosas. Puede que no te lo digan. Tal vez no saben cómo decirlo. Las razones pueden no ser claras para ellos, pero las razones son claras y tienen sentido lógico. Todos ellos están basados en el cuidado. Sus padres se preocupan por su futuro. Sólo quieren lo mejor para ti. Han vivido más tiempo que tú y tienen más experiencias con la vida que tú. Han aprendido de sus propios errores o de los errores de sus amigos. Ellos pueden ver que usted está haciendo algunos de los mismos errores y que están tratando de salvarle el agravamiento de sufrir las consecuencias de esos errores.

La esperanza es la respuesta

VERSO 1

El hombre es un empleado
Trabajando y sudando todos los días
No tiene mucho dinero
Todavía tiene cuentas a pagar
Él pregunta al maestro
Y tiene una larga espera para su respuesta
Justo cuando él va a rendirse
Viene la revelación
Esa esperanza es la respuesta
Cuando todo se desvanece

Verso 2

La mujer es madre
Tiene muchas bocas para alimentar
Se siente como un mártir
La frustración es lo que ella sangra
Tantas decepciones
Sin embargo, su fe la mantiene fuerte
Los niños necesitan a alguien como ejemplo
En tiempos de desesperación
La esperanza es la respuesta

Verso 3

Tanto sufrimiento y angustia
En toda esta llanura mundana
Tantos atrapados en ella
Eso no puede ver más allá de su dolor
Grita la sabiduría de los siglos
Todas las heridas son sanadas en el tiempo
Como un faro para el futuro

Brilla la inspiración
Esa esperanza es la respuesta
El verdadero significado del fracaso

"El éxito a menudo llega con el fracaso."

¿Alguna vez ha fallado en algo? Por supuesto que sí. Si usted es como la mayoría de la gente, el fracaso ocurre comúnmente. No porque todo el mundo sea un fracasado por completo, sino porque el fracaso es una parte del proceso de aprendizaje. Si eres como yo, probablemente fracasa en la mayoría de las cosas nuevas que intenta. Si sigues intentando sin embargo, mejoras.

¿Sabes cómo caminar? ¿Puedes hablar? Estas son cosas que aprendiste cuando eras un bebé. Cuando usted era un bebé, dio sus primeros pasos y cayó y cayó de nuevo, pero siguió intentando. Estaba probablemente curioso acerca de este nuevo modo de transporte que su mamá y papá estaban usando.

¿Qué habría pasado si renunciaste a caminar? ¿Te imaginas cómo sería tu vida si tuvieras que gatear por todas partes? Usted no se dio por vencido. Usted siguió tratando y aprender de sus errores y la corrección y ahora, usted está caminando como un campeón!

No puede haber éxito sin fracaso. El éxito es a menudo es una cuestión de ensayo y error. Lo que los científicos llaman error, el resto de nosotros llamamos fracaso. El fracaso es una oportunidad para aprender. Aprendes lo que no funciona. Usted puede creer que todo no trabaja, usted no puede hacerlo y probablemente nunca lo hará y dará por vencido o usted puede intentar de otra manera.

El fracaso puede ser la clave que abre la puerta al éxito. Además de aprender lo que no funciona, el fracaso puede enseñarle lo que salió mal y por qué salió mal. Si analizas un fracaso y rastreas todos los pasos que tomaste para llegar hasta él, puedes ver exactamente dónde te equivocaste y una vez que sabes dónde te equivocas a menudo conduce a saber cómo y por qué te equivocas. Saber dónde, cómo y por qué se equivocó puede darle información que le permite hacer correcciones, correcciones que llevarán a ajustes que en el tiempo llevará al éxito. La información obtenida del fracaso puede ser la clave que abre la puerta al éxito.

Una cuestión de perspectiva

Tres ancianos estaban sentados en un banco de autobuses. Para pasar el tiempo tuvieron una conversación comparando lo difícil que eran sus infancias. Mientras los dos primeros ancianos hablaban, el tercero se quedó sentado escuchando.

El primer anciano dijo: "Cuando yo era un niño, tenía que caminar tres millas al colegio cada mañana".

El segundo anciano dijo: "Yo tuve que caminar cuatro millas".

El primer anciano dijo: "No había señales de tráfico, arriesgué mi vida cruzando la calle".

El segundo anciano dijo: -¿Tú tenías calles? Yo tenía caminos de tierra. Arriesgué mi vida con cada paso que tomé porque un coche podría atropellarme en cualquier momento. "

El primer anciano, que ya estaba molesto, dijo: "¡Yo tuve que caminar en temperaturas inferiores a cero, congeladas!"

El segundo anciano dijo: "Yo también y nuestro clima era tan frío, mi chaqueta se congeló!"

El primer anciano, imaginando cómo le superó el segundo anciano, insistió: -¡Tú tenías chaquetas!

El segundo anciano contestó: "Sí, teníamos chaquetas pero estábamos tan pobres que mi chaqueta fue hecha de bolsas de papel".

El primer anciano, en un intento obviamente de superar el segundo, gritó: "¿Sí? Bueno, cuando yo era un niño caminaba a la escuela en las

temperaturas tan frío mis zapatos se congelaron! "
A lo que el segundo anciano respondió: -¿Tú tenías
zapatos?
El tercer anciano, que había estado sentado en
silencio durante toda la conversación, habló de
repente; -¿Tu tienes pies?
Luego abrió su chaqueta y reveló dos piernas
cortadas en las rodilleras.

A veces miramos la vida desde las perspectivas de
nuestros propios problemas y al hacerlo, ignoramos
lo afortunados que realmente somos.
Cortesía de Mark Wilkins, Del libro Las rebanadas
de la vida Volúmen 1.

Citas de inspiración

"La imaginación es el combustible para aviones que eleva la humanidad".

"Aquellos que han hecho lo imposible a menudo no sabían que era imposible cuando lo hicieron".

El Profeta de la Vida Homenaje conmemorativo a Steve Jobs, You Tube Video

Todo el mundo hace la diferencia.

Cuando su mundo se está derrumbando a su alrededor, es hora de reinventarse.

"El liderazgo es un esfuerzo colaborativo".

"De todas las almas que alguna vez han vivido, han sido elegidos para vivir en estos tiempos." 2012 Mensaje de Año Nuevo you tube video

"Cuando tu vida es una serie constante de milagros,

cada momento se convierte en tu momento más grande, hasta que suceda el siguiente".

"El mundo está cambiado por simples ideas puestas en práctica". El Profeta de la Vida

De: Revelaciones de 2012, El Camino de las Posibilidades ISBN # 978-1-93646200-1

"Un nuevo día está naciendo hay una revolución en la mente de la humanidad." El Profeta de la Vida

De: Revelaciones de 2012, El Camino de las Posibilidades ISBN # 978-1-93646200-1

"La persistencia puede derretir resistencia".

"La planificación incremental y la ejecución sostenida pueden hacer posible lo insuperable".

"El valor es la habilidad de actuar a pesar del

miedo".

"El fracaso no es verdaderamente fracaso a menos que no aprendas de ello".

"El trabajo puede convertir los sueños en realidad".

"La planificación puede convertir los sueños en realidad".

"Tener un objetivo puede convertir los sueños en realidad".

"La planificación incremental y la ejecución sostenida pueden hacer posible lo insuperable".

El equilibrio de mente, cuerpo y espíritu es la clave para prevenir y curar las enfermedades.

Podemos trabajar juntos como una raza, la raza humana para curar el planeta, curar la cadena alimenticia y sanarnos en el proceso. El tiempo para el pensamiento egoísta ha terminado. El tiempo para pensar globalmente y actuar localmente está en el medio de su mandato. El tiempo para pensar y actuar cooperativamente está a punto de amanecer.

La solución a nuestros problemas no radica en el conocimiento y los recursos de ninguna cultura o nación, sino en el conocimiento y los recursos de todos ellos, tanto antiguos como modernos. Tenemos el poder de determinar nuestro futuro. Nuestras acciones hoy determinarán nuestros beneficios o consecuencias mañana. Ya sea fiesta o hambre, el futuro será un cielo o un infierno de nuestra propia creación.

"Incluso los más pobres entre nosotros merecen la dignidad de la igualdad." El Profeta de la Vida

De las citas de inspiración por El profeta de la vida You Tube video.

Citas sobre Dios

Por El Profeta de la Vida

Sus citas han sido utilizadas por las instituciones de educación superior, las instituciones de medicina, el movimiento de Ocupación, de beneficencia, empresas y gente común en todo el mundo. A pesar de que tiene un nombre de nacimiento, para muchos en todo el mundo se le conoce como El Profeta de la Vida. Ahora Amor Fuerza Internacional le trae una serie de libros sobre sus citas de tema.

"Como todo el mundo es digno del amor de Dios, nadie es inútil." --- El Profeta de la Vida

"La gente a menudo se preguntan por qué Dios permite el hambre, la pobreza y la guerra en nuestro mundo. Tal vez Dios se pregunta por qué lo permitimos nosotros". ---El Profeta de la Vida

Prefacio

Siempre me han gustado las citas. Las citas son como pequeñas joyas de la lengua que dicen mucho con pocas palabras. A veces son de buen humor, otras veces son mas profundas. Las citas pueden abrir mundos del pensamiento y la contemplación. Pueden explicar las cosas que uno podría no haber comprendido previamente. Las Citas a mi en particular me gustas las que son líneas que resumen un estado de ánimo, tema o un concepto.

Este libro está lleno de citas que he desarrollado durante los últimos 20 años. Mi producción de citas realmente llamaron la atención después de que comenzara el blogging (después de 2006), debido a eso mi producción de la escritura aumentó. Como parte de los blogs, he leído y comentado en los blogs de otras personas. Hay un sitio red dedicado a mis escritos (www.prophetoflife.com) un sitio de You Tube (https://www.youtube.com/user/thetrueprophetoflife) y mi blog (https://edgeucationnewmedia.wordpress.com/category/insight -a-blog-by-the-prophet- of- life) He tenido diálogo con otros que han leído, o han visto mis escritos. Todas estas cosas no sólo han estimulado mi producción, sino han creado mas citas.

Muchas de las citas en este libro son de los blogs, historias y otras cosas que he escrito. Otros son citas independientes que he desarrollado para capturar un sentimiento particular. He incluido citas sobre temas populares, como Dios, la fe, la vida, el amor y la espiritualidad entre otros. Es mi esperanza que mis citas abrirán a mis lectores los mundos de pensamiento e inspiración y ayude a entender las cosas a un nivel más profundo.

La compra de este libro le da una licencia limitada para utilizar cualquiera de las citas en este libro para uso personal en una base no comercial, siempre y cuando usted atribuye todo lo que se utiliza para El Profeta de la Vida. Utilice las afueras de esta licencia limitada puede considerarse infracción de copyright y podría ser castigado con una multa de hasta $ 500.00 por elemento material con derechos de autor aparezca en y / o. Utiliza bajo esta licencia incluir cosas tales como el uso de una cita para cerrar un correo electrónico, en una carta, en un informe, o en su sitio red. La forma correcta de usar es el siguiente:

"La gente a menudo se preguntan por qué Dios permite el hambre, la pobreza y la guerra en nuestro mundo. Tal vez Dios se pregunta por qué lo permitimos nosotros".

"Porque el Señor de tal manera amó toda la vida, que toda la vida estaba imbuido de un pedazo de El Señor."

"La humanidad que trata de comprender la naturaleza de Dios es como una hormiga tratando de comprender un bosque del tamaño de América del Norte."

"La razón por la que la humanidad tiene problemas para comprender a Dios es debido al hecho de que hay una diferencia entre el tiempo humano y el tiempo de Dios. La mayoría de los humanos existen en el presente. Dios existe en el pasado, presente y futuro al mismo tiempo".

"La gente rara vez ve las cosas buenas que haces por ellos, pero el Señor si las ve."

"Hay muchas maneras de definir a Dios. Algunas definiciones son colectivas y otras son individuales".

"Toda vida es preciosa y cada vida tiene un propósito para Dios."

"Humanidad alégrate, por el amanecer de un nuevo día y la hora de tu liberación depende de ti. La verdad que nos hará libres está inscrito en su ADN espiritual. El Señor esta y estará siempre con usted. Todo ser vivo tiene algo que aportar. Cada ser vivo juega un papel importante en la historia final. Cada alma es importante y cada alma hace la diferencia. El tiempo de temer a Dios ha terminado. El tiempo para entender que Dios ha comenzado. Este no es el principio del fin, pero es el fin del principio. "El Profeta de la Vida de Revelaciones de 2012, El camino de posibilidades, ISBN # 978-1-93646200-1

"¿Que es Dios? Dios está más allá de la capacidad de la humanidad para definir a Dios. La verdadera pregunta es: ¿Qué es Dios para ti "?

"Un buen número de los seres humanos, juzgan a los demás no se basan en la ley de Dios, pero se basan en la percepción de las Leyes de Dios que se nos ha planteado y nos han hecho creer o por medio del estudio o de la experiencia que hemos llegado a creer."

"Cuanto más se llega a conocer al Señor se da uno cuenta qué tan incompetente eres para juzgar a alguien."

"Para salvar una vida, cualquier vida, ya sea animal, vegetal o humana es un acto en nombre del Señor."

"Dios es el Maestro de maestros todos y todo lo que pasa en su vida sucede para enseñar una lección, es la escuela espiritual que llamamos vida."

"Todo es parte del plan de Dios. Incluso las personas y las cosas que hacen que parezcan ir en contra de Dios".

"Puesto que Dios es un Dios universal, y puesto que hay seres que viven en muchos otros planetas, las almas de todos estos seres pueblan el cielo, así como los de nuestro planeta. Estas almas y de los seres que están encarnados también disfrutar de las bendiciones del Amor y la Gracia del Señor. Todo lo que ha sido revelado en este libro de Apocalipsis es válido para nuestro planeta, porque Dios es Señor de todo lo que es y ha sido siempre, todo lo que existe, ha existido y existirá, la mayoría de las cosas en este libro son verdad para otros planetas y poblaciones".

"Algunas personas se preguntan por qué Dios los ha abandonado a ellos y a sus seres queridos en momentos de necesidad. Algunas personas pierden su fe como resultado de las cosas que perciben de Dios porque permitió que les pasara a ellos. Eso es sólo su percepción. En verdad, Dios nunca abandona a nadie".

"Dios es una parte de todos nosotros y todos somos parte de Dios."

"La Palabra de Dios, la palabra nunca cambiara. La capacidad de la humanidad para comprender a lo que se refiere con precisión se incrementara más según las generaciones y décadas y siglos y milenios".

"El Señor no cambiara, la capacidad de la humanidad para entender lo que es El Señor pero evoluciona y aumenta durante largos períodos de tiempo." De los Inquilinos de las Revelaciones de 2012

"Es verdad, el espíritu de Dios impregna todo lo que hacemos incluyendo las lecciones que nos enseña através de las dificultades que encontramos en nuestras vidas."

"La razón porque la humanidad tiene problemas para comprender a Dios es debido al hecho de que hay una diferencia entre el tiempo humano y el tiempo de Dios. Lo que existe en mayoría de los humanos es el presente. Dios existe en el pasado, presente y futuro al mismo tiempo. Piense en ello como un juego de ajedrez de tres niveles. La humanidad juega en un nivel y un solo nivel. Dios juega en los tres niveles simultáneamente. Las consecuencias para la humanidad en lo que respecta a nuestra base de conocimientos y experiencias son profundas. Son tan profundas como nuestras relativas limitaciones".

"El Señor les habla a todos, pero la mayoría de la gente no sabe cómo escuchar."

"Dios no es una religión. La religión es la humanidad tratando de entender a Dios."

"A medida que cada alma trae lo que ha aprendido de su experiencia por la vida, se enriquece de que es Dios, pero el alma que se acerca a Dios no es el alma con la cual ha vivido, es el alma con la cual naciste, enriquecida por su experiencia de vida pero no contaminada por ella. Dios no evoluciona, tampoco lo hace el alma con la cual naciste, ya que son una constante creación mucho más allá de los seres humanos".

"Porque Dios ama toda la vida toda la vida está creada de una parte de El Señor en su ADN espiritual." El Profeta de la Vida de Revelaciones de 2012, El camino de posibilidades, ISBN # 978-1-93646200-1

"El amor de Dios está más allá de todas las cosas horribles y crueles hechas por la humanidad."

"¿Con qué frecuencia es esto moderno?" ¿Revelaciones son similares o relacionadas a las antiguas verdades? Muy a menudo. Esto es porque el Señor se ha revelado a la humanidad y ha aumentado durante largos períodos de tiempo. Eso también es la razón porque cinco de las más grandes religiones del mundo tienen muchos mensajes similares porque el Señor no deja de repetir los mismos mensajes de diferentes maneras. Una vez que la humanidad se de cuenta de esto, habrá menos necesidad de diferentes religiones para deshumanizar a los otros, aprender a respetar a los que creen de manera diferente y trabajar juntos para hacer un cambio positivo auténtico en el mundo posible".

El Señor no comete errores. El error está en la percepción que se basa a menudo en información limitada. Del libro de Kindle: Encontrar a Dios en un mundo caótico, ISBN # 978-1-936462-01-8

"Como todo el mundo es digno del amor de Dios, así que nadie es inútil."

De el You Tube video de Citas inspiradas por El Profeta de la Vida

"Todos los humanos existen en el presente. Dios existe en el pasado, presente y futuro al mismo tiempo. Piense en ello como un juego de ajedrez de tres niveles. La humanidad juega en un nivel y un solo nivel. Dios juega en los tres niveles simultáneamente. Las consecuencias para la humanidad en lo que respecta a nuestra base de conocimientos y experiencias son profundas. Son tan profundas como nuestras relativas limitaciones. La humanidad tratando de comprender a Dios es como una hormiga tratando de comprender un bosque del tamaño de América del Norte"

"Dios es la justicia, Dios es la compasión. Dios está más allá de todas las cosas que usted puede imaginar. Dios es amor. " De la canción "Dios es amor" por el Profeta de la Vida

"El camino de nuestra experiencia atravéz de la vida continúa más allá de la muerte y todo lo que se gana con la experiencia de vida se devuelve al Señor."

"Mi Dios no castiga a las personas por desobedecer. Mi Dios provee oportunidades para que puedan aprender lecciones y mejorar su comportamiento a través de una mayor comprensión en lugar de por el miedo al castigo "De el libro Kindle aprendizaje:. Encontrar a Dios en un mundo caótico

"Dios es un Dios universal. Los seres vivos en todos los planetas y en todas las galaxias saben de Dios".

"La mejor broma cósmica, es que no hay una sola manera correcta. El Señor es tan incomprensible que el conocimiento de El Señor se puede revelar durante largos períodos de tiempo. Es por eso que el Señor envía Profetas por largos períodos de tiempo entre ellos en lugar de mandarlos todos a la vez, porque El Señor sólo revela algo a nosotros cuando hemos avanzado lo suficiente como para empezar a comprender. Eso es sólo este planeta. Multiplique eso por los miles de planetas en el universo donde la vida existe y se empieza a ver la ironía compuesto de la única y verdadera mentalidad. He encontrado que a menudo, cuando una religión dice que su camino es el único camino, es más un reflejo de un miedo a perder seguidores o el deseo de seguir siendo relevante de algo que en realidad proviene de El Señor.

"Dios existe, donde la vida está presente."

"Dios existe en el pasado, presente y futuro al mismo tiempo. La oposición sólo existe en el presente".

"Usted no tiene que ser religioso para encontrar a Dios porque la religión no es Dios, es la interpretación que da el hombre, de Dios. En realidad Dios se comunica con todo el mundo incluyéndolo a usted, es sólo que muchas personas o bien no son conscientes de ello o no saben, "cómo" Dios se comunica con ellos pero no creen que Dios es el que se está comunicando. Muchas personas se unen a una religión, ya que necesitan la estructura o porque quieren ser "salvados" y muchas religiones dicen que tienen un camino exclusivo de Dios. Esto no es cierto. Las religiones generalmente se fundan sobre la base de las enseñanzas de un profeta en particular. Dios revela lo que es Dios a la humanidad que se incrementa durante largos períodos de tiempo que corresponden con el desarrollo de la humanidad. La humanidad obtiene lo que necesita y aprende un poco más cada vez. Así que adelante y únase a su iglesia, pero recuerde que la iglesia no es Dios. Si quieres encontrar a Dios buscar dentro de ti mismo y mira tu vida y averigua cuando Dios se ha estado comunicando contigo y lo que eran esos mensajes".

"El amor de Dios está más allá de todas las cosas horribles y crueles hechas por la humanidad."

"Cuando yo fui un impotente testigo de la desintegración del matrimonio de mis padres y me colocaron en las casas de padres de crianza y que en repetidas ocasiones abusaron de mí, aprendí lecciones y desarrollé compasión por los que sufren de una manera similar. Cuando me convertí en un adulto responsable, les ayudé y serví como un ejemplo de que era posible salir de un infierno y todavía llevar una vida normal. Dios estaba allí "Del libro Kindle:. Lo que la fe me ha enseñado.

"Mi Dios no permanece en silencio cuando vida de las personas parecen estar cayendo a pedazos, Mi Dios se comunica con la gente a través de la Palabra, a través de eventos y por medio de otras personas que envían sus mensajes."

"En la totalidad de la historia de la humanidad Dios ha creado un solo usted. Usted es único y tiene un propósito especial. Recuerde esto que cuando se siente deprimido o sin valor.

"Cada ser humano nace con un destino. Al nacer, Dios susurra la misma frase para cada persona "El mundo es un lugar mejor porque usted nació." La frase es una profecía. Es una profecía que anuncia parte de su destino. Es una profecía que tiene que cumplir durante el curso de la vida. "Del libro Kindle Lo qué la fe me ha enseñado

"Los que realizan un acto de bondad tienen el poder de otorgar la bendición de Dios. La bendición se otorga a ambos el donante y el receptor".

"Desde hace mucho los albores de las guerras se han luchado en el nombre de Dios. En realidad, no lucharon por Dios en absoluto. Si no ellos se pelearon para defender o ampliar la versión de alguien sobre Dios".

"Puesto que todo en la vida está creado de una parte del El Señor tomar una vida es tomar parte del El Señor. Para salvar una vida es salvar una parte del Señor".

"Es verdad, el espíritu de Dios se impregna en todo lo que hacemos incluyendo las lecciones que nos enseñan aun con las dificultades que encontramos en nuestras vidas."

El Señor no comete errores. El error está en la percepción que se basa a menudo en una información limitada. Del libro de Kindle: Encontrar a Dios en un mundo caótico, ISBN # 978-1-936462-01-8

"Todo el mundo y todo tiene un propósito para Dios. Incluso los que actúan mal sirven como malos ejemplos. De esta manera, todo el mundo juega un papel importante en las vidas de todos ya que influyen en ellos".

"Es solo Dios que existe en el pasado, el presente y el futuro al mismo tiempo. Nosotros solo tenemos el presente."

Biographia de Autor

El profeta de la vida es periodista, autor y compositor. El escribe libros espirituales de fe así como temas actuales, de literatura temática libros para Love Force Publicación International.

Tengo una gran variedad y extensa experiencia en la vida y esas experiencias enriquecen mi escritura. Yo escribo sobre temas espirituales así como temas de importancia global. Yo escribo no ficción que te dice como son las cosas orientadas a una solución como algo opuesto solo para quejarse de las cosas. Yo tengo libros con temas como crimen y castigo, racismo y fe.

Me gusta escribir cosas con perspectiva única. Me gusta desafiar a la percepción de mi lector y permitirles que descubran nuevas percepciones. Si una lección puede ser tejida en la tela de la palabra escrita, tanto mejor pero la lección es a menudo sutil.

Yo trato de ver las cosas de la forma en que son o de la manera que puedan ser. Eso de deja ver las posibilidades entre varias situaciones ambas en mi vida y las historias que escribo. Como resultado, a menudo puedo agregar giros y vueltas que los lectores no verán venir probablemente en la ficción que escribo. A menudo puedo comunicar cosas desde perspectivas únicas y diferentes y ver soluciones a problemas y problemas que me comunican en mí no ficción.

No tengo miedo de correr riesgos tanto en mi vida como en mi escritura. He abordado temas polémicos en ambos. Mi blog de no ficción de Word Press, Insight, un blog de El Profeta de la Vida, está lleno de ejemplos. Tengo un sentido del humor raro y he escrito cosas humorísticas, así como graves. Empecé en un canal de You Tube y ahora tengo más de 100 videos que tienen palabras y música, pero no fotos. A pesar de que no hay fotografías, más de 150.000 personas de 210 naciones diferentes han visto los videos en mi canal You Tube.

Me gusta escuchar de mis lectores. Me gusta escribir. Espero que encuentre mis libros interesantes y entretenidos.

Los libros de Kindle de El Profeta de la Vida incluyen:

Historias verdaderas de la inspiración y del interés general: Una colección de historias y de artículos que cubren diversos temas del interés de la adicción del teléfono celular a una historia poco conocida sobre los Beatles.

Ser Negro en América: Una colección de poemas y ensayos únicos a veces controvertidos sobre los temas del racismo y los derechos civiles

Historias de crimen y castigo: Este volumen cuenta historias de historias de crímenes reales de todo el mundo y el castigo que se produjo entre los criminales. Algunos de ellos es probable que los conozcan, otros probablemente no. Las historias incluyen al discípulo de Columbine que apuñaló a 20 personas en una escuela secundaria, a la chica que recibió un disparo en la cabeza por querer ir a la escuela, al grupo de pop ejecutado por una foto en internet sin la parte de arriba, la cabeza humana que encontraron en el anuncio de Hollywood y muchos otros.

Reflexiones en el espejo de la vida: un libro de poesía temática. Cada capítulo presenta un poema de verso libre de apertura que establece el tono, seguido por varios poemas rimados que desarrollan el tema. Los temas incluyen la infancia, la vida urbana y las cuestiones sociales.

Encontrar a Dios en un mundo caótico: El mundo puede parecer tan caótico en estos días. Muchas personas anhelan la orientación. Muchos otros quieren acercarse a Dios. ¿Cómo encuentras a Dios en medio del caos y la confusión? ¿Cómo puedes discernir los mensajes de Dios de la explosión multimedia con la que cada uno nos bombardea cada día? Algunas personas son parte de una religión organizada. Otros son espirituales sin una religión particular. Algunos todavía están buscando, Todos ellos tratando de encontrar a Dios.

En este libro, aprenderás que el Señor se comunica con todos y aprenderás cómo el Señor se comunica contigo. Aprenderán acerca de la Verdadera Naturaleza de Dios y se darán cuenta de lo profundo que es el Amor y el Alcance de Dios. Aprenderás el secreto de por qué la voluntad de Dios siempre prevalece. Aprenderás acerca de los Profetas enviados a nuestro planeta, para entregar la Palabra de Dios, algunos que conoces y otros que conocerás. Aprenderás el secreto de acercarte a Dios. Aprenderá sobre el cambio que está ocurriendo en todo nuestro planeta y aprende lo que lo está causando. Si estás listo para revelaciones que pueden cambiar la forma en que ves la vida en general y tu vida en particular, lee este libro.

Encontrar a Dios sin religión: La gente de fe no es exclusiva de la religión. Este libro da a la gente de fe, pero sin una religión organizada en lo profundo de la vida, la vida después de la muerte y Dios sin ser golpeado la frente o la culpa tropezó en la conversión.

Lo que la fe me ha enseñado: Sólo soy una persona ordinaria que ha tenido el privilegio de tener una vida llena de milagros y revelaciones. Hay muchas veces cuando no tenía nada excepto fe, pero la fe era todo lo que necesitaba para sostenerme. Mi fe y mi Dios me han enseñado muchas lecciones de vida. Este libro comparte algunas de las cosas que mi fe me ha enseñado y las ideas espirituales que he adquirido a causa de mi fe.

Sinceramente

El Profeta de la Vida

Libros en Espanol de Kindle

Por Amor Fuerza Internacional compañia de publicaciónes

Todo ese n Ingles tambien!

Cada Kindle e-book es sólo 99 centavos! (NOS)

Libros de muestreo

La Fuerza Internacional Amor Lector :

Diferentes muestras de 7 Libros por 3 differentes autores En Espanol. **Volumen 1** ASIN: B06XB3RJ2K Volumen 2

Libros de no ficción

Controversia: ¿Qué Caitlyn Jenner, Donald Trump, una cura para el SIDA, los hackers chinos, Adolf Hitler y el calentamiento global tienen en común? Todos ellos están en el centro de una controversia y hay historias sobre ellos en este libro único que Voltea a las titulares de los tabloides de adentro hacia afuera. **Autor: El Profeta de la Vida ASIN:** B01CRF3098

Historias Verdaderas de inspiración y interés general ¿Qué hacen los adictos de teléfonos celulares, George Orwell, pájaros, Paul McCartney, el Premio Nobel, el Viernes Negro, Led Zeppelin, basura, una charla, de inflexión, Steve Jobs, Shakespeare, los pensamientos de inspiración y lamadre ¿Qué tienen en común? Estás historias son reales en este libro. Son verdaderas Historias de Inspiración e Interés General reúne cuentos y poemas sobre las celebridades, las tendencias y la gente común. A veces es sorprendente, siempre interesante, que al mismo tiempo le entretendrá y le dará algo en qué pensar. **Autor: El Profeta de la Vida ASIN:** B00TXWVNUC

Verdaderas Historias de Crimen y Castigo:
Este es un libro de historias de crímenes graves arrancadas de los titulares de todo el mundo. De la familia que desapareció a la niña de 11 años muerta en una pelea sobre un muchacho al prisionero que no ha comido en 14 años a la cabeza humana cortada encontrada cerca de la famosa señal de Hollywood, cada historia cuenta sobre el crimen y lo sucedido Al criminal de una manera que te sorprenderá y te dará una pausa para pensar. **Autor: El Profeta de la Vida ASIN:** B01N10ND7S

Como Convertirse en la persona que siempre ha deseado ser.
Un simple personalizado, sistema, la transformación
Es un sistema para ayudar a las personas a transformar sus vidas. Yo quería que fuera simple, fácil de usar y no tomara mucho tiempo, dinero o esfuerzo. Es un simple sistema personalizado de transformación. Tiene ocho sencillos pasos que se mueven a través del proceso. **Autor: Mark Wilkins ASIN: B01MSYVU6R**

Herramientas para tener éxito en la vida
Este libro analiza el éxito y te ayuda a aclarar qué es el éxito para ti. Tiene diferentes formas de ver el éxito, el fracaso, el sufrimiento y el sacrificio. Le da un plan para hacer cambios en su vida, consejos para evitar algunos errores comunes y le proporciona citas de motivación y ejemplos de vidas inspiradoras que han cambiado el mundo.
Autor: El Profeta De La Vida ASIN: B078JZGWDH

Confesiones de un Aula: es una serie de historias reales sobre la experiencia de las líneas de frente de la educación pública. En sus páginas se encontrará con personajes estrafalarios, lo bueno, lo malo y lo más cafeínado. Algunos de ellos son profesores, algunos estudiantes y algunos son administradores. Algunos le hará reír, otros te hará llorar, pero todos ellos desempeñan un papel importante en la educación pública. Sus historias están escritas en forma de entretenimiento y para darle algo en que pensar.

Autor: Mark Wilkins ASIN: B01MSV4N92

Confesiones de un Aula 2: Historias llenas de maestros poco convencionales, estudiantes brillantes, matones, héroes y cartas que traen la realidad de la educación pública con todas sus luchas y glorias ante ustedes. Encontrará personajes memorables como Sr. Manosfelices, la sustituta francesa, el decano Bravo y el gorrón. Directamente de los recuerdos de alguien que estaba allí. Algunos le harán reír, otros le harán llorar. Ellos te entretendrán y te darán algo en que pensar.

Autor: Mark Wilkins ASIN: B06XC9HDQV

Libros sobre la fe

Lo Que La Fe Me ha enseñado: En este volumen repleto, de pensamientos espirituales e inspiradores el autor es un líder, el profeta de la vida comparte su fe, percepciones espirituales y lecciones de la vida que le pueden ayudar, inspirar y orientar hacia una mejor vida. **Autor: El Profeta de la Vida ASIN: B01EE3QSW2**

Inspiración para todos: **Volúmen 1, Inspiración para tu Espíritu.** Escrituras inspiradoras seleccionadas. Si eres de fe o necesitas inspiración en tu vida, este libro lleno de historias inspiradoras, poemas y ensayos te mantendrá y te fortalecerá en tu viaje. **Por El Profeta de la Vida ASIN: B071JW8XXH**

Inspiración para todos: **Volumen 2, Inspiración para tu mente.** Escrituras seleccionadas para inspirar tu mente. Este libro lleno de historias inspiradoras, poemas y ensayos te mantendrá y te fortalecerá en tu viaje. **Autor: El Profeta de la Vida, Mark Wilkins y Dr. Ganso. ASIN: B072WK9JBH**

Citas sobre Dio: Este pequeño libro esta lleno de algunas de las citas mas populares acerca de Dios atribuidas al Profeta de la Vida. Provoca ambos pensamientos e inspiraciones. Esta lleno de docenas de citas sobre Dios que uno puede leer y copiar para uso personal.
Autor: El Profeta de la Vida
ASIN: B01BJXYHLY

Encontrar a Dios en un mundo caótico: En este libro, aprenderá que el Señor se comunica con todos y que aprenderá cómo el Señor se comunica con usted. Aprenderá acerca de la Verdadera Naturaleza de Dios y se dará cuenta de cuán profundo es el alcance y el Amor de Dios. Aprenderás el secreto de por qué la voluntad de Dios siempre prevalece. Aprenderás acerca de los Profetas enviados a nuestro planeta, para entregar la Palabra de Dios, algunos que conoces y otros que conocerás. Aprenderás el secreto de acercarte más a Dios. Aprenderás sobre el cambio que está ocurriendo en todo nuestro planeta y aprenderás qué lo está causando. Si estás listo para las revelaciones que pueden cambiar la forma en que ves la vida en general y tu vida en particular, lee este libro. **Autor: El Profeta de la Vida**
ASIN: B0793KDYX3

Encontrar a Dios sin religión. Un camino agnóstico a Dios Tú y tu camino a Dios, en la Vida y Más Allá: Las personas de fe no son exclusivas de la religión. Hay muchos que son espirituales o agnósticos. No encajan en la doctrina, los rituales o la comunidad congregacional de religión. En este volumen lleno de sabiduría, las personas de fe pero sin una religión organizada pueden obtener ideas sobre la vida, la vida futura y que Dios sin ser culpable se tropezó con la conversión. Este volumen es el libro 2 de la serie Revelations of 2012 Beyond Faith. La parte 1 se titula Encontrar a Dios en un mundo caótico. **Autor: El Profeta de la Vida**

Las mejores citas espirituales: Este libro está lleno de algunas de las citas más populares sobre Temas Espirituales atribuidos a El Profeta de la Vida. Se incluyen citas de fe, misericordia, lecciones de vida, humanidad y espiritualidad. Debes encontrar que son profundos, estimulantes e inspiradores. Está lleno de muchas páginas de citas que se pueden leer y copiar para uso personal. **Autor: El Profeta de la Vida**

Libros de ficción

• **Rebanadas de Vida 1:** es una colección de cuentos humorísticos sobre la vida. La mayoría de ellos son de los miembros de la familia y del matrimonio. De cónyuges inteligentes, los niños pequeños inteligentes, de chicos tratando de impresionar a sus amigos, de leyes tratando de dominar la tecnología de cada historia es como un pequeño trozo de vida, pero en conjunto, forman un pastel irresistible. Siéntese a tomar una taza de café y disfrutar de algunas rebanadas de Vida. **Autor: Mark Wilkins ASIN: B01BBBZUL0**

Rebanadas de Vida 2 : Esta secuela de Rebanadas de la Vida tiene historias más humorísticas sobre los ricos, los pobres y la clase media. Incluso tiene una historia sobre una de sus mascotas. La ignorancia es el tema principal de este libro, la ignorancia que tiene consecuencias que a veces son tocantes pero siempre humorísticas. ¡Así que prepare un poco de café o té, siéntese, relájese y disfrute de otro lote satisfactorio de Rebanadas de la Vida, porque, antes de que usted lo sepa, lo habrá devorado todo en un momento!**Autor: Mark Wilkins ASIN: B06XKP5C66**

- **Historias Escandalosas 1**: Este libro está lleno de artículos humorísticos poco convencionales e irreverentes. Todos ellos son ficticios y muchos de ellos completamente escandalosos. Nadie está a salvo de que se burlen de ellos terroristas, Presidentes, Dictadores, El Negocio de Peliculas y Música o Juegos Oympicos de Flojos. Si tienes edad universitaria o tienes un sentido del humor extravagante e irreverente, ¡este libro es para ti! **Autor : Mark Wilkins ASIN: B07D1RH9W3**

- **Historias Escandalosas 2** Este libro está lleno de artículos humorísticos poco convencionales e irreverentes. Todos ellos son ficticios y muchos de ellos completamente escandalosos. Nadie está a salvo de que se burlen: terroristas, policia, criminales, El Negocio de Peliculas y Música, la profession medico, tradiciones, Si tienes edad universitaria o tienes un sentido del humor extravagante e irreverente, ¡este libro es para ti! **Autor : Mark Wilkins ASIN:**

Karma: Karma es la historia de un hombre que esta entre dos culturas diferentes, y se opone a la vida opuesta que compiten por su atención. Sus conflictos y luchas son eclipsados por fuerzas cósmicas que él no puede entender. El karma proporciona una visión de las luchas y los conflictos que todos enfrentamos. **Autor: Mark Wilkins. ASIN: B072Z6L36V**

El valor de una semana de ficcion 1: Gente en el Filo del Borde En el volumen 1 del valor de una semana de ficción te encontrarás con gente en los bordes de la sociedad. Un guardia de seguridad que lucha y tiene una mujer moribunda, un anciano cuyo fin es que muera en el bosque, una mujer luchando por capturar un romance antes de que su belleza se desvanezca y otro luchando con el cáncer. Te encontrarás con un niño pequeño que aterroriza a la gente en una tienda de comestibles, un adolescente buscando amor y un pequeño empresario que lucha contra un monopolio. Si quieres historias de ficción que nunca te olvidaras sólo necesita contar hasta 7. **Autor: Mark Wilkins ASIN: B06XVD21PM**

El valor de una semana de ficcion 2: Historias de Ciencia Ficción En el volumen 2 del valor de una ficción una semana incluye historias de ciencia ficción. Dentro de sus páginas usted encontrará historias de una chica que tiene la cura para una enfermedad mortal, una mujer en una cita con una enfermedad psicosomática llamada profecía, pollo robot, una mosca sobrenatural, una proyección astral, un maestro en un nuevo trabajo donde todo no es lo que parece y un mundo futurista donde la economía sólo es trueque. Si quiere historias de ciencia ficción que nunca olvidara solo es necesario contar hasta 7. **Autor: Mark Wilkins ASIN: B071GCYFK6**

El valor de una semana de ficcion 3: Muchas caras de la violencia En el volumen 3 del valor de una semana de ficción, incluye muchas caras de la violencia, historias de ficción de las 7 todas exploran la violencia desde diferentes ángulos, una historia mira lo que pasa por la mente de un terrorista sobre explotarse a si mismo, otro mira un a un ejecutivo teniendo en cuenta el suicidio, las parcelas de otras historias incluyen un, hombre tratando de burlar a un robacoches armado, un alguacil de aviones tratando de averiguar quién es el terrorista, un soldado que se da cuenta que una persona en su pelotón es un asesino en serie, un ex convicto que tiene que decidir si debe usar la violencia para combatir el mal y un hombre que se convierte en un héroe a través de violencia indescriptible, si quieres historias violentas que nunca olvidara, basta contar hasta 7. **Autor: Mark Wilkins ASIN:** B072K6J9HN

El valor de una semana de ficcion 4: Realizaciones En el volumen 4 del valor de una semana ficción, es de realizaciones, conocerá a personas de diversas procedencias que llegan a realizaciones importantes. Se encontrará con un Doctor que llega a una realización sobre la vejez, un político que lucha por ser su propio ser, un hombre rico que llega a una epifanía después de un encuentro casual en una tienda, un granjero que necesita ayuda, un chico que lucha con un nuevo celular que parece intervenido, una nadadora que se beneficia de su rutina de todas las mañanas y un agente de policía que desarrolla empatía para un peligrosos gánster. Si desea leer historias ficticias que nunca te olvidara sólo necesita contar hasta 7. **Autor: Mark Wilkins ASIN:** B071JVQQ96

Historias de lo sobrenatural 1: Un libro de la serie Narrador Volumen 1Fantasmas, criaturas demoníacas, y la muerte. Esta colección de historias cortas lo perseguirá y entretendrá. Ya sea la malvada historia clásica de un trozo de carbón o el capricho de un fantasma en la casa esta colección de cuentos y poemas perseguirá y entretendrá
Autor: Mark Wilkins ASIN: B01MA12YXY

Historias de lo Sobrenatural 2
En esta secuela de Historias de lo Sobrenatural hay más fantasmas, criaturas demoníacas y la muerte. Esta colección de relatos cortos centra de fantasmas y monstruos. Dentro de sus páginas te maravillarás con las hazañas de El Coleccionista de Almas, temblará ante la mención del temido Bungadun o el El Infierno Banger y montarás los rieles en el tren fantasma. Correa en sus cinturones de seguridad, va a ser un viaje accidentado! **Autor Mark Wilkins ASIN: B01M4FXDL1**

Libros de poemas y Citas

¡Vidas románticas!

¡Vidas románticas! es una colección muy especial de poemas de amor románticos. Los poemas están organizados para seguir el arco de un romance desde sus etapas tempranas de un amor joven través de sus dulces seducciones y la dichosa sabiduría del amor maduro. Si estás buscando romance en tu relación amorosa o simplemente quieres una lectura romántica alegre y perspicaz, este libro es para ti.

Autores: Mark Wilkins y El Profeta de la Vida
ASIN: B07DP7HX9P

Cada Lirica Cuenta una Historia

Una colección de letras de canciones únicas que cuentan historias impactantes sobre las personas, sus vidas, sus esperanzas y sus sueños. Puedes encontrarte a ti mismo y a las personas que conoces en muchos de ellos.

Autor: El Profeta de la Vida y Mark Wilkins
ASIN: B07F5N1Y5G

Citas por cositas general

Este breve libro está lleno de algunas de las citas más populares sobre temas generales atribuidos a El Profeta de la Vida. El libro incluye citas sobre temas como la vida, el amor, la felicidad, el crimen y el castigo, el bienestar e incluye muchas de las citas cómicas atribuidas a El Profeta de la Vida. Encontrará el ingenio y la sabiduría en sus páginas sugerentes e inspiradoras. Está lleno de docenas de excelentes citas sobre diversos temas que uno puede leer y copiar para uso personal. **Autor: El Profeta de la Vida**

Libros para niños

Historias clásicas para niños, Que usted probablemente nunca oído Volumen 1: Ya se trate de las aventuras de un pollo que habla, la balada de un hombre peludo, una historia sobre un tipo que tiene gusanos como amigos o una historia infantil clásica actualizada y contada con un giro diferente este conjunto de historias infantiles entretendrán a los niños envejecidos en su familia. **Autor: Dr. Ganso ASIN: B01NAF8QNU**

Historias clásicas de niños, que nunca has escuchado Volumen 2: Esta secuela le da más clásicos desconocidos. El libro da a conocer nuevos personajes como un pequeño pollo cuya vida es similar a la de una persona y una balada sobre un hombre peludo. Hay una historia sobre un príncipe cuya negativa causa un incidente internacional. Incluso hay una versión actualizada de la historia de los niños clásicos que todos conocemos desde puntos de vista de diferentes personajes. **Autor: Dr. Ganso ASIN:**

Niños de la escuela Volumen 1: Seis historias divertidas sobre niños que son más inteligentes para su edad. Dentro de sus páginas se encontrará con un chico cuyo vocabulario es mejor que los adultos de su escuela, un niño que se escapa de una nalgada, un niño que recibe un teléfono celular nuevo con un problema y un hermano y una hermana que aprenden cómo deshacerse de la basura de una tía vieja .Recomendado para niños de 12 a 16 años. **Autor: Mark Wilkins ASIN: B078JMR7ZB**

Niños de la escuela Volumen 2: 9 historias sobre niños que están en la escuela secundaria. Dentro de sus páginas se encontrará con un grupo de niños que se involucran en una guerra de huevos podridos, una niña que no existe, y un niño que envía a un amigo en una cita con su hermana. Recomendado para niños de 14 a 18 años. **Autor: Mark Wilkins ASIN:**

Primer libro de pequeñas fábulas estúpidas: Si la codicia de mooches, los ladrones del almuerzo, los niños sádicos, o las historias extrañas sobre animales domésticos esta primera parte en la serie de historias humor irreverente con la entrega de conclusiones retorcidas sobre el egoísta y el codicioso. Incluso tiene unos pequeños dibujos estúpidos! Para los jóvenes. **Autor: Dr. Ganso ASIN:**

Segundo libro de pequeñas fábulas estúpidas: Ya se trata de abuelas bien intencionadas pero incompetentes, de mujeres egoístas, de niños sádicos o de locos en los centros comerciales, esta segunda parte de episodios de la serie de historias irreverentemente humorísticas que ofrece terminaciones retorcidas sobre los egoístas y los codiciosos. Incluso tiene los dibujos a los que te gusta hacer burla de igual que la primera! Para los menores. **Autor: Dr. Ganso ASIN:** B0755YK6NH

Libros En Papel

La trilogía de la fe En este volumen repleto, de pensamientos espirituales e inspiradores el autor y un líder de pensamos espiritu, el profeta de la vida comparte su fe, inspiracion y citas sobre dios, Este Trilogía de Fe incluye tres libros llenos de fe: Lo que la fe me ha enseñado, las mejores citas sobre Dios e inspiración para todos: escritos inspirados seleccionados. Autor: El Profeta de la Vida ISBN-13: 978-1936462520

La Trilogía Agnóstica de la Fe ¡Loveforce tres libros en una!
¡Tres grandes libros combinados en un libro de bolsillo! Obtienes: Encontrar a Dios sin religión, Las mejores citas espirituales y Encontrar a Dios en un mundo caótico. **Autor: El Profeta de la Vida ISBN-13: 978-1936462599 (Edición española)**

Rebanadas de Vida Rebanadas de la Vida tiene historias más humorísticas sobre los ricos, los pobres y la clase media. Incluso tiene una historia sobre una de sus mascotas. La ignorancia es el tema principal de este libro, la ignorancia que tiene consecuencias que a veces son tocantes pero siempre humorísticas. ¡Así que prepare un poco de café o té, siéntese, relájese y disfrute de otro lote satisfactorio de Rebanadas de la Vida, porque, antes de que usted lo sepa, lo habrá devorado todo en un momento! **Autor: Mark Wilkins**
ISBN-10: 193646246X ISBN-13: 978-1936462469

Historia Sobrenaturales Fantasmas, criaturas demoníacas, y la muerte. Esta colección de historias cortas lo perseguirá y entretendrá. Ya sea la malvada historia clásica de un trozo de carbón o el capricho de un fantasma en la casa, de El Coleccionista de Almas, temblará ante la mención del temido Bungadun o el El Infierno Banger y montarás los rieles en el tren fantasma. esta colección de cuentos y poemas perseguirá y entretendrá. Correa en sus cinturones de seguridad, va a ser un viaje accidentado! **Autor: Mark Wilkins ISBN-10: 1936462575 ISBN-13: 978-1936462575**

- **Confesiones de Escuelas Publicas: Frente a la Batalla de la Educación Pública** Confesiones de Escuelas Publicas es una seria de historias verdaderas de las líneas del frente de la educación pública. Entre las paginas usted va a conocer personajes peculiares, unos malos otros buenos con mucho café encima. Algunos de ellos son maestros, algunos estudiantes, y algunos administradores. Algunos les harán reír, otros los harán llorar pero ellos juegan un papel muy importante en la educación pública. Sus historias están escritas de una manera de entretenimiento y le dará algo en que pensar. **Autor: Mark Wilkins   ISBN-10: 1936462060 ISBN-13: 978-1936462063**

Controversias! ¿Qué Caitlyn Jenner, Donald Trump, una cura para el SIDA, los hackers chinos, Adolf Hitler y el calentamiento global tienen en común? Todos ellos están en el centro de una controversia y hay historias sobre ellos en este libro único que Voltea a las titulares de los tabloides de adentro hacia afuera. **Autor: El Profeta de la Vida.**

El valor de una semana de los volúmenes de ficción 1 y 2

Una semana de ficción, edición en rústica
Si se trata de un hombre que se convierte en héroe a través de la violencia indescriptible, una adolescente luchando contra una corporación sobre los derechos a su sangre, o la lucha de vida y muerte en un coche carjacked esta colección de Volúmenes 1 y 2 de Una Semana de Ficción le da 7 Más historias que te emocionarán, te sorprenderán y te harán pensar. A menudo distópica ya veces surrealista, si quieres historias que nunca olvidarás, solo necesitas contar hasta 7 y puedes hacerlo dos veces en esta edición especial de bolsillo. **Autor: Mark Wilkins**

El valor de una semana de los volúmenes de ficción 3 y 4

Ya se trate de una mujer tratando de encontrar el amor antes de que su apariencia se desvanezca, un mariscal luchando contra el racismo, un ex convicto tratando de mejorar su vida, un soldado tratando de resolver un misterio, un indígena tratando de ir en contra de la discriminación en contra de la edad, esta colección de volumenes 3 y 4 de una semana de valor de la ficción le da 7 historias más en cada uno que le darán emoción, sorpresa y lo harán pensar. A menudo son distó pica y a veces surrealista, si quieres historias que nunca olvidarás, solo necesitas contar hasta 7 y puedes hacerlo dos veces en estas ediciones especiales de bolsillo. **Autor: Mark Wilkins**

www.ingramcontent.com/pod-product-compliance
Lightning Source LLC
Chambersburg PA
CBHW021927040426
42448CB00008B/946